Inhaltsverzeichnis

Vorwort

Kinder im Grundschulalter begegnen in ihrem Alltag häufig physikalischen Phänomenen. Davon sind sie meistens fasziniert und zeigen oft großes Interesse. Dieses Interesse kann durch Experimente, die die Kinder selbstständig durchführen, vertieft werden. Dabei sollte das selbsttätige Lernen im Vordergrund stehen, damit die Schüler vielfältige Erfahrungen sammeln können.

In diesem Heft werden zu jedem Experiment zwei Karten im DIN-A5-Format angeboten: Eine Karte zu Versuchsaufbau und -durchführung und eine „Lösungskarte“ mit den Beobachtungen, Erklärungen und zum Teil Anwendungsbeispielen aus dem Lebensalltag oder Zusatzinformationen.
Die **Versuchsanleitungen** sind in einfacher Sprache für die Schüler formuliert und werden durch kindgerechte Illustrationen unterstützt. Anhand der Anleitungen können die Kinder die Experimente selbstständig durchführen und zu eigenen Ergebnissen gelangen.
Die **Lösungskarten** richten sich vornehmlich an die Lehrkräfte, können aber auch zur Differenzierung für leistungsstarke Schüler eingesetzt werden. Begleitend zu den Experimenten können die Kinder einen **Beobachtungsbogen** ausfüllen (S. 7), auf dem sie ihre Vermutungen, Beobachtungen, Erklärungen und weiterführenden Fragen notieren.

Neben lehrplangerechten Experimenten sind auch einige Experimente in diesem Heft enthalten, die nicht direkt einem Lehrplanbereich zugeordnet werden können, aber ein verblüffendes Phänomen hervorheben. Kinder, und auch Erwachsene, sind von derartigen Experimenten fasziniert und können so an die Physik herangeführt werden.

Die Grundlage für die Experimente in diesem Heft bilden **Alltagsmaterialien**, da häufig nicht vorhandenes oder nur schwer zugängliches Material ein Hindernis für die Durchführung von Schülerexperimenten im Unterrichtsalltag darstellt. Alltagsmaterialien sind hingegen leicht zu beschaffen und den Kindern aus ihrer Lebenswelt bereits bekannt.
Anhand der **Materialliste** auf Seite 6 können, nach einer Idee von Herrn Dr. Stefan Hilger (Katholische Universität Eichstätt-Ingolstadt), die benötigten Gegenstände in einer „Experimentierkiste“ gesammelt werden. Dann stehen sie den Schülern jederzeit zur Verfügung und das Experimentieren kann zu einem festen Bestandteil des Unterrichtes werden. Dabei sind die verschiedenen Materialien in mehreren Experimenten einsetzbar. Bei guter Absprache im Kollegium dürfte bereits eine Experimentierkiste an der Schule reichen, um anschauliche, motivierende und faszinierende Experimente in allen Jahrgangsstufen durchführen zu können.

Bei manchen Experimenten werden zusätzliche Gebrauchsgegenstände aus dem Klassenzimmer, Lebensmittel, Wasser o. Ä. benötigt. Diese sind jeweils mit einem kleinen Pluszeichen + gekennzeichnet.

Alle Experimente wurden auf ihre Durchführbarkeit und Wirkung hin überprüft. Dennoch können Unfälle nicht gänzlich ausgeschlossen werden und es kann keine Haftung übernommen werden.

Viel Spaß beim Experimentieren wünscht

Andrea Baumgarten

Anmerkung: Aus Gründen der besseren Lesbarkeit wird in diesem Heft auf eine sprachliche Differenzierung der weiblichen und männlichen Bezeichnung verzichtet. Selbstverständlich sind stets beide Geschlechter angesprochen.

Vorüberlegungen zum Experimentieren

Für Grundschulkinder hat das Fach „Sachunterricht“ / „Mensch, Natur und Kultur“ eine große Bedeutung für die Entwicklung und Förderung einer positiven Einstellung zu naturwissenschaftlich-technischen Fragestellungen. Es sollen erste Erfahrungen gemacht und wissenschaftliche Erkenntnisse erworben werden.

Gleichzeitig soll vermieden werden, dass sich Kinder falsche Vorstellungen einprägen, die nicht mit den physikalischen Sachverhalten übereinstimmen. Haben sich diese erst einmal fest verankert, so ist es später zum Teil nur schwer möglich, sie durch richtige Informationen zu ersetzen. Ein Beispiel für eine festgefahrene kindliche Vorstellung ist beispielsweise die Annahme, dass aus einem quadratischen „Blasring“ auch quadratische Seifenblasen kommen. Von daher sollte keine „vereinfachte“ Physik in die Welt der Kinder geholt werden. Andererseits soll und kann natürlich auch keine Physik auf einem hohen wissenschaftlichen Niveau vermittelt werden. Es geht vielmehr darum, den Kindern Methoden und Denkstrukturen sowie den Spaß am Spielen und Entdecken zu vermitteln.

Die physikalischen Sachverhalte sollten den Kindern in einer für sie verständlichen Umgangssprache erklärt werden, wobei die Sachverhalte allerdings nicht verfälscht werden dürfen. Die Erklärung muss also im Kern zutreffend und ausbaufähig sein.
Aber nicht nur die Lehrkraft sollte versuchen, den Kindern die Phänomene zu erklären, sondern auch die Schüler sollten ihre Vermutungen, Hypothesen, Beobachtungen und Erklärungen in eigenen Worten formulieren.
So können neben den fachspezifischen Inhalten auch die fachspezifischen Arbeitsweisen vermittelt werden. Die Kinder sollen typische Verfahrensweisen wie Beobachten, Klassifizieren, Messen, Kommunizieren, Voraussagen, Erschließen, Formulieren von Hypothesen, Interpretieren von Daten und Kontrollieren von Variablen erlernen. Dazu eignet sich vor allem die Arbeitsform „Experiment“. In ihr werden nahezu alle genannten Vorgehensweisen vereinigt, da ein Ergebnis erst im Zusammenspiel der einzelnen Komponenten erzielt werden kann.
Durch das Experimentieren können physikalische Phänomene veranschaulicht und physikalische Vorstellungen entwickelt werden. Außerdem können durch ein beeindruckendes Experiment nachhaltige Eindrücke vermittelt werden, die sich auch auf das spätere Interesse an den Naturwissenschaften positiv auswirken.

Das Hypothesenbilden ist beim Experimentieren von großer Bedeutung. Deswegen sollte im Unterricht darauf geachtet werden, dass die Schüler vor der Durchführung eines Experimentes überlegen, was passieren könnte. Natürlich gibt es einige Experimente, bei denen die Kinder nicht vorab wissen können, was passieren wird; manche Experimente werden vielleicht sogar gezielt mit einem für die Kinder verblüffenden Ausgang eingesetzt. Durch den dadurch ausgelösten Widerspruch zu ihren bisherigen Annahmen kann in den Kindern ein kognitiver Konflikt entstehen, der sie dazu veranlasst, ihre Annahmen zu verändern und zu überdenken. Dennoch sollte, um die fachspezifische Arbeitsweise zu fördern, das Bilden von Hypothesen vor einem Versuch zu einem festen Bestandteil beim Experimentieren werden. Es kann dazu notwendig sein, zunächst noch wichtige Grundlagen zu erarbeiten. Es kann aber auch sein, dass die Kinder schon mehr wissen, als die Lehrkraft vermutet hätte.

Vorüberlegungen zum Experimentieren

Idealerweise sollten die Schüler sich ihre Ergebnisse selbsttätig erarbeiten können. Das bedeutet auch, dass sie die Experimente selbstständig durchführen. Die Intensität und Qualität der Begegnung der Kinder mit der Physik ist bei selbst durchgeführten Experimenten viel höher als bei nur beobachteten: „Der einfachste Versuch, den man selbst durchführt, ist besser als der schönste Versuch, den man nur sieht.“ (*Michael Faraday, 1791–1867).*

Selbst durchgeführte Experimente fördern zudem das Interesse und die Motivation und können so zu einem höheren Bildungserfolg führen. Außerdem können die Schüler so handelnd lernen. Ihre Sachkompetenz kann gesteigert und der persönliche Wissensstand und Erfahrungsbereich erweitert werden. Außerdem werden durch das selbstständige Experimentieren weitere wichtige Fähigkeiten, wie aufmerksames Beobachten, Teamwork, sorgfältiger Umgang mit Materialien und Beachten von Sicherheitsregeln geschult. Da beim Experimentieren sowohl kognitive als auch motorische Fähigkeiten gefordert sind, wird durch die Schülerexperimente neben dem Wissenszuwachs auch die manuelle Geschicklichkeit gefördert. Werden die Experimente in der Klassengemeinschaft oder in Gruppen durchgeführt, wird außerdem der soziale Umgang miteinander trainiert. Durch das gemeinsame Experimentieren und Beobachten wird die Kommunikation und die Kooperation unter den Schülern sowie die gegenseitige Rücksichtnahme und die Achtung der Meinung eines anderen gefördert. Außerdem wird durch das Experimentieren auch die Konzentration und die Geduld sowie die Fähigkeit zur Problembewältigung geschult. Erfolgserlebnisse können zudem das Selbstbewusstsein, das Selbstvertrauen und die Entdeckerfreude der Kinder steigern.

Durch die Verwendung von Materialien aus dem Erfahrungsschatz der Kinder können diese jeden Teil der Versuchsanordnung mit der Wirklichkeit identifizieren und sind nicht durch komplizierte Geräte und Apparaturen abgeschreckt. So bleibt für die Kinder der bedeutsame Alltagsbezug der Experimente immer gewahrt und die von Martin Wagenschein sarkastisch bezeichnete „eingemachte Natur“[1] in den Glasschränken der Physiksammlungen kann vermieden werden. Experimente mit Alltagsgegenständen werden auch „Freihandexperimente“ genannt. Da die Kinder mit den verwendeten Materialien vertraut sind, rufen die einfachen Versuchsanordnungen ein unmittelbares Erleben der Phänomene hervor, und die Kinder kommen leichter zu eigenen Prognosen über den Versuchsablauf. Außerdem kann durch die Freihandexperimente die Welt der Physik langsam immer mehr in den Alltag der Kinder vordringen und bleibt nicht reines Schulwissen ohne Alltags- bzw. Lebensbezug.

[1] s. Ernst Kircher, Raimund Girwidz u. Peter Häußler (Hgg.): Physikdidaktik. Eine Einführung, 2. aktualisierte Aufl., Springer Verlag Berlin, Heidelberg, New York 2001, S. 135

Allgemeine Hinweise zum Experimentieren

Wichtig bei der Durchführung von Experimenten im Unterricht ist es, dass den Kindern der genaue Ablauf sowie die Verhaltens- und Sicherheitsregeln klar sind. Es sollte daher vor dem Experimentieren besprochen werden, dass die Schüler sich zunächst die Versuchsanleitung genau durchlesen, dann das benötigte Material herrichten und erst dann mit der Durchführung beginnen. Meist wird die Versuchsdurchführung in Gruppen erfolgen, bei einigen Experimenten müssen es sogar mehrere Schüler sein, damit das Experiment überhaupt durchgeführt werden kann.
Die Experimente, für die mehrere Schüler benötigt werden, sind mit den folgenden Symbolen gekennzeichnet:

2 Kinder

3 Kinder

viele Kinder

Zu den Sicherheitsregeln gehört beispielsweise, dass auf dem Tisch immer nur die Materialien liegen, die für das aktuelle Experiment benötigt werden. Die Kinder der Gruppe sollten gemeinsam die Experimente durchführen und sich absprechen, wann was gemacht wird. Vor allem bei den Experimenten zum Thema „Feuer“, aber auch bei anderen Experimenten, bei denen ein Teelicht verwendet wird, gelten besondere Sicherheitsregeln. Diese sind im Informationstext zum Thema „Feuer“ (S. 67) ausführlich dargestellt.
Die Experimente, für die ein Teelicht benötigt wird, und die daher mit gewissen Gefahren verbunden sind, sind mit dem Symbol  gekennzeichnet.
Experimente, in denen heißes Wasser verwendet wird, sind mit dem Symbol  gekennzeichnet.
Sollten der Lehrkraft die Gefahrenrisiken bei einem Experiment zu hoch sein, kann sie es auch als Demonstrationsexperiment durchführen. Die Schüler sollen dann während des Experimentes genau beobachten, was passiert, und diese Beobachtungen anschließend zusammentragen und deuten.
Um den Kindern diese genaue Beobachtung zu erleichtern, ist es wichtig, dass das Experiment gut zu sehen ist. Das Wesentliche des Experimentes sollte in den Blickpunkt gerückt und hervorgehoben werden. Manchmal kann es daher hilfreich sein, das Experiment vergrößert an die Wand zu projizieren.
Der Aufbau sollte strukturiert, einfach, anschaulich und verständlich sein. Unnötige Materialien dürfen nicht auf dem Experimentiertisch stehen, damit die Aufmerksamkeit der Schüler durch nichts abgelenkt wird.
Da die Lehrkraft eine Vorbildfunktion innehat, ist ihr Verhalten während der Durchführung besonders wichtig. Sie muss sachgerecht mit den Geräten und Materialien umgehen, das verbrauchte Material angemessen entsorgen und vor allem die Sicherheitsaspekte mustergültig befolgen und mit den Schülern besprechen.
Da die Kinder in der Grundschule in der Regel noch wenig spezifische Fähigkeiten und Fertigkeiten zum Experimentieren besitzen, wird das völlig selbstständige Experimentieren zunächst erschwert und nur in einzelnen Fällen möglich sein. Es sollte aber so weit wie möglich immer mehr gefördert werden, damit die Schüler eine experimentelle Handlungskompetenz erwerben und somit immer selbstständiger arbeiten können. Dennoch dürfen die Kinder in ihrer Selbstständigkeit beim Erkennen und Verstehen von Zusammenhängen nicht überschätzt werden. Deshalb müssen von der Lehrkraft teilweise passende Hilfestellungen und Tipps gegeben werden. Ideal ist im naturwissenschaftlichen Sachunterricht daher ein Mittelweg zwischen eigenständigem, handelndem Lernen der Schüler und gezielter Unterstützung und Heranführung durch die Lehrkraft.

Materialliste ☑

☐ Ansichtskarte / Postkarte
☐ Alufolie

☐ Butterbrotpapier
☐ Einmachglas
☐ Fäden
☐ Flasche (leer)
☐ Gefäß (groß und durchsichtig), z. B. eine Schüssel
☐ Gefäß (durchsichtig und länglich)
☐ Gläser (2 gleich große, mit glattem Rand, 1 größeres Glas)
☐ Glasscheibe (ca. 30 cm x 40 cm)
☐ Gummiringe
☐ Hammer
☐ Holzbrettchen
☐ Holzstab (dünn, ca. 50 cm lang)
☐ Joghurtbecher (leer, 2 große, 2 kleine)
☐ Kaffeefilter
☐ Karton
☐ Klebeband (durchsichtiges und stabiles)
☐ Konservendose
☐ Kunststoffstreifen mit Loch, z. B. von einem Schnellhefter
☐ 2 Lineale (Holzlineal und Plastiklineal, je 30 cm lang)
☐ 3 Löffel (aus Holz, Plastik und Metall)
☐ Luftballons (runde und längliche)
☐ Luftpumpe (Fahrradpumpe)
☐ 2 Lupen
☐ Margarineschachtel (leer)
☐ Mattglasflasche
☐ Messbecher
☐ Münzen

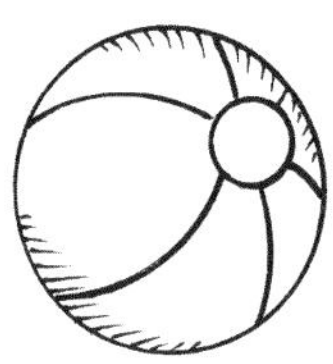

☐ Nägel
☐ Papier (weiß und schwarz)
☐ Pappfigur
☐ Papprröhre (z. B. leere Küchenrolle)
☐ Pappschachtel für Kosmetiktücher (leer)
☐ Plastikfolie
☐ Plastikschnur
☐ Schal
☐ Schere
☐ 2 Schläuche (ca. 40 cm lang)
☐ Schnur
☐ 3 gleich große Schüsseln (z. B. Müslischüsseln)
☐ Serviette (aus Papier)
☐ Spiegel (2 kleine, 1 großer)
☐ Stifte (Bleistift, schwarzer Filzstift, bunte wasserlösliche Filzstifte)
☐ Streichhölzer

☐ Strohhalme
☐ Styroporstück (klein)
☐ Taschenlampe
☐ Taschentücher (aus Papier)
☐ Teelichter
☐ Teller
☐ Thermometer
☐ Tischtennisball
☐ Tonpapier

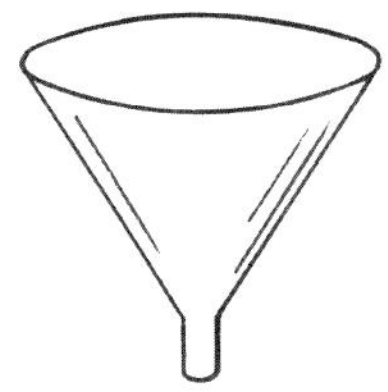

☐ Transparentpapier
☐ 2 Trichter (gleich groß)
☐ Wasserball
☐ Würfel
☐ Zange (mit Plastikgriff)
☐ Zeitung

Experimente mit:

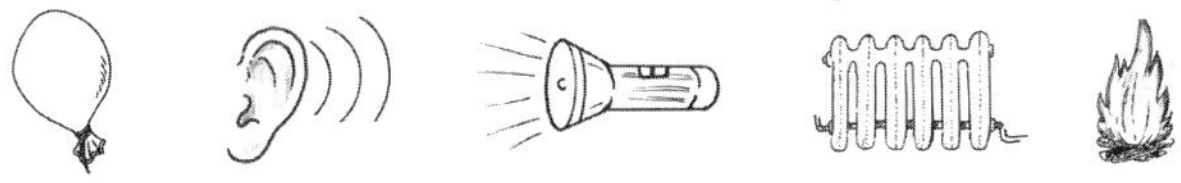

Beobachtungsbogen

Name: ____

Thema: ______________________ Datum: ________________

So heißt das Experiment: ______________________________

Das vermute ich: ____________________________________

____

____

____

____

Das habe ich beobachtet: ______________________________

____

____

____

____

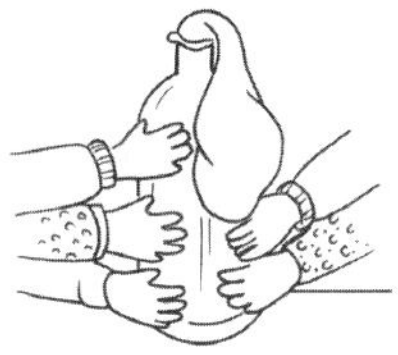

Das könnte man so erklären: ___________________________

____

____

____

____

Diese Fragen habe ich noch: ___________________________

____

____

____

____

BVK PA119 • Andrea Baumgarten: Experimente Band 1

Luft

Luft ist überall! Und das, obwohl man sie nicht sehen, schmecken oder riechen kann und sie nur spürt, wenn sie bewegt ist. Durch einige Experimente soll den Schülern klar werden, dass Luft entgegen Aussagen wie „das Glas ist leer“ nicht „nichts“, sondern ein unsichtbares Gas ist, das wie jeder Stoff einen Raum einnimmt und ein Gewicht hat.
Die Luft in einem Körper kann sichtbar gemacht werden, indem der Körper unter Wasser getaucht wird: Wenn Luft darin war, steigen Luftbläschen an die Wasseroberfläche.
Wenn Luft sich bewegt, bestimmt die Temperatur die Richtung: Warme Luft ist leichter als kalte Luft und steigt deswegen nach oben.

Luft kann starke Kräfte ausüben, die für die Menschen von großer Bedeutung sind: Bewegte Luftmassen, wie beispielsweise der Rückstoß oder Strömungen, bewirken Kräfte, die antreiben oder bremsen. Diese unterschiedlichen Wirkungsweisen der Luft und deren Anwendung, beispielsweise beim Fliegen, können durch einige Experimente gut veranschaulicht und somit bereits ab dem ersten Schuljahr den Kindern bewusst gemacht werden.
Luft übt darüber hinaus einen Druck aus, der von verschiedenen Faktoren, wie beispielsweise von der Temperatur oder der Strömungsgeschwindigkeit, abhängt.

Wäre nicht überall Luft, könnten die Menschen gar nicht auf der Erde leben, da sie den in der Luft enthaltenen Sauerstoff zum Atmen brauchen. Die Luft setzt sich aus Sauerstoff (21 %), Stickstoff (78 %), Wasserdampf, Kohlenstoffdioxid und anderen Gasen (1 %) zusammen.
Auch Kerzen brauchen beispielsweise den Sauerstoff aus der Luft zum Brennen. Daher sind einige Versuche aus dem Kapitel „Feuer“ auch für das Themengebiet „Luft“ interessant.

Hinweise zu einzelnen Experimenten

Zusatzinformation zu S. 18: „Papier stoppt das Wasser“

Der Luftdruck hängt zum einen von der Höhe über dem Meeresspiegel, zum anderen von der Temperatur und der Feuchtigkeit ab: Da die Dichte der Luft mit zunehmender Höhe immer mehr abnimmt, ist der Luftdruck im Gebirge geringer als auf Meereshöhe. Warme Luft wiegt weniger als kalte und feuchte Luft ist schwerer als trockene. Daher ist der Luftdruck bei kalter und feuchter Luft höher.

Anwendung

Otto von Guericke gelang es im 17. Jahrhundert, die Luft aus zwei aneinanderliegenden Halbkugeln zu pumpen. Auf diese Weise entstand im Inneren der Kugel ein Vakuum. Die Luft außerhalb der Kugel übte einen so starken Druck auf die Kugel aus, dass sie selbst von einigen angespannten Pferden nicht mehr getrennt werden konnte. Man spricht von den „Magdeburger Halbkugeln“.

Zusatzinformation zu S. 22: „Das Wasser steigt im Glas“

Das gleiche Prinzip wie in diesem Experiment kann man am Beispiel von Einmachgläsern nachvollziehen: Der heiße Inhalt von Einmachgläsern erwärmt auch das Glas. Nach einiger Zeit kühlt sich sowohl das Glas als auch der Inhalt und damit auch die Luft zwischen Inhalt und Deckel ab. Infolge dieser Abkühlung der Luft im Inneren verringert sich der Luftdruck im Glas. Deshalb drückt der Luftdruck von außen, der stärker ist als der im Glas, den Deckel fest auf das Glas. Es ist somit gut verschlossen. Erst durch Ziehen an der Gummilasche und dem damit verbundenen Eindringen von Luft ist es möglich, den Deckel wieder abzuheben, da durch die eindringende Luft ein Druckausgleich stattfinden kann.

BVK PA119 • Andrea Baumgarten: Experimente Band 1

Experimente mit: LUFT

Die trockene Serviette

Du brauchst: durchsichtiges Gefäß • Wasser + • Glas • Papierserviette

So geht es:

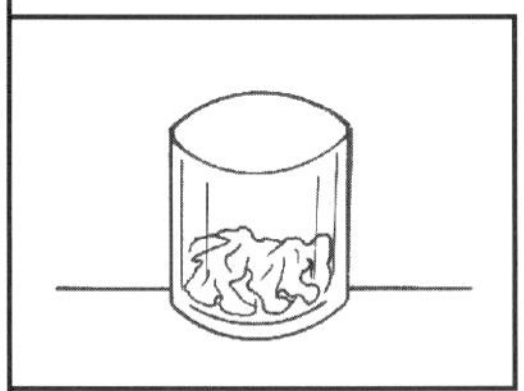

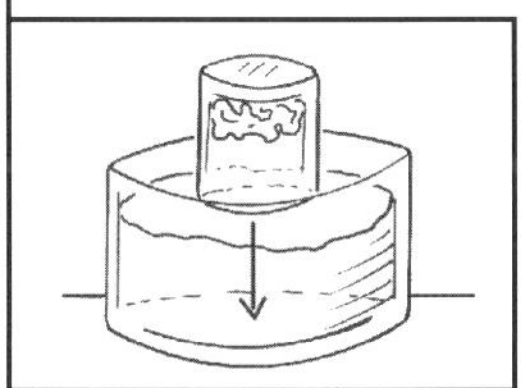

1. Fülle das Gefäß mit Wasser.
2. Stopfe die Serviette fest auf den Boden des Einmachglases.
3. Tauche das Glas mit der Öffnung nach unten senkrecht ↓ ins Wasser.

Was beobachtest du?
Was befindet sich in dem Glas außer der Serviette?

Experimente mit: LUFT

Lösung: Die trockene Serviette

Beobachtung

- Es dringt kaum Wasser in das Glas ein.
- Die Serviette bleibt trocken.

Erklärung

Das Glas ist zu Beginn des Experimentes nicht leer. Im Glas befindet sich Luft. Die Luft im Glas verhindert das Eindringen des Wassers. Deshalb bleibt die Serviette trocken.

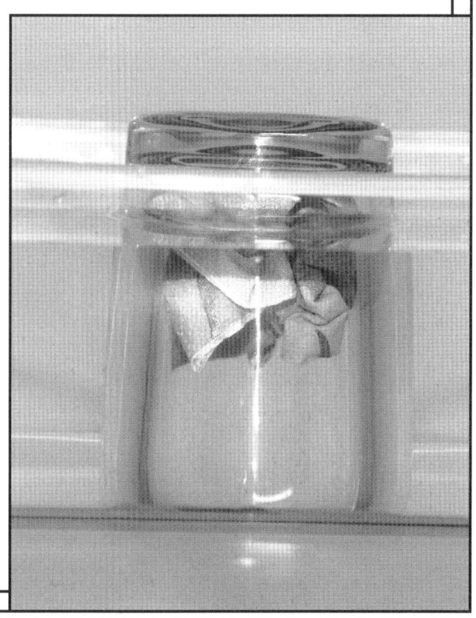

Der Ball im Wasserglas

Du brauchst: durchsichtiges Gefäß • Wasser + • Einmachglas • Tischtennisball

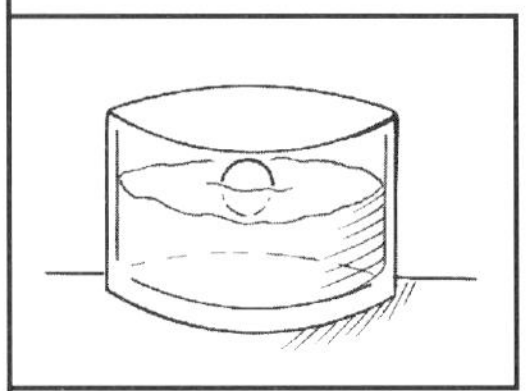

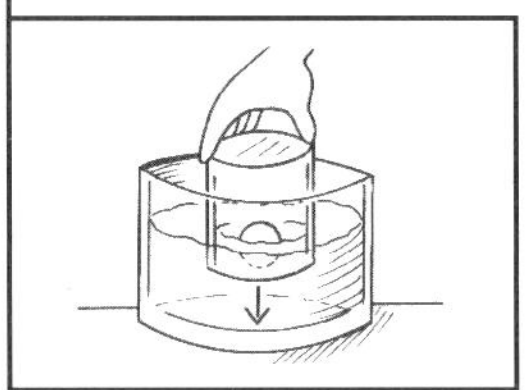

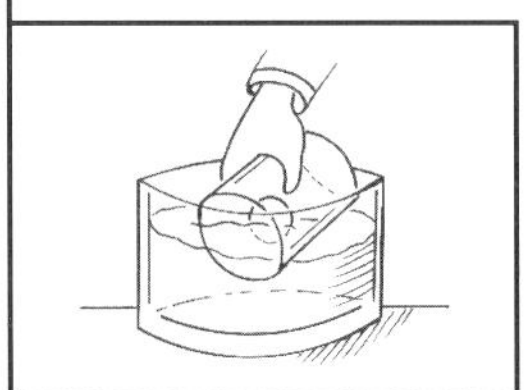

So geht es:

1. Fülle das Gefäß mit Wasser.
2. Lege den Tischtennisball auf die Wasseroberfläche.
3. Stülpe das Einmachglas mit der Öffnung nach unten über den Ball.
   Tauche es senkrecht ↓ in das Wasser.
   Was beobachtest du?

Zusatzaufgabe:
Was passiert, wenn du das Glas neigst?
Kannst du es erklären?

Experimente mit: LUFT

Lösung: Der Ball im Wasserglas

Beobachtung zu Schritt 1 – 3
- Es dringt kaum Wasser in das Glas ein.
- Die Wasseroberfläche ist im Glas niedriger als außerhalb.
- Der Tischtennisball schwimmt fast auf Höhe des Glasrandes.

Erklärung zu Schritt 1 – 3
Im Glas befindet sich Luft. Die Luft verhindert das Eindringen des Wassers. Daher bleibt die Wasseroberfläche, auf der der Tischtennisball schwimmt, niedriger als außerhalb des Glases.

Beobachtung zur Zusatzaufgabe
- Aus dem Glas entweichen Blasen, die nach oben steigen.
- Es dringt Wasser in das Glas ein.
- Die Wasseroberfläche im Glas steigt.
- Der Tischtennisball treibt im Glas immer mehr nach oben.

Erklärung zur Zusatzaufgabe
Wenn das Glas zur Seite geneigt wird, findet die Luft im Glas einen Weg nach außen und steigt auf. Das Wasser kann jetzt den Platz der Luft im Glas einnehmen.

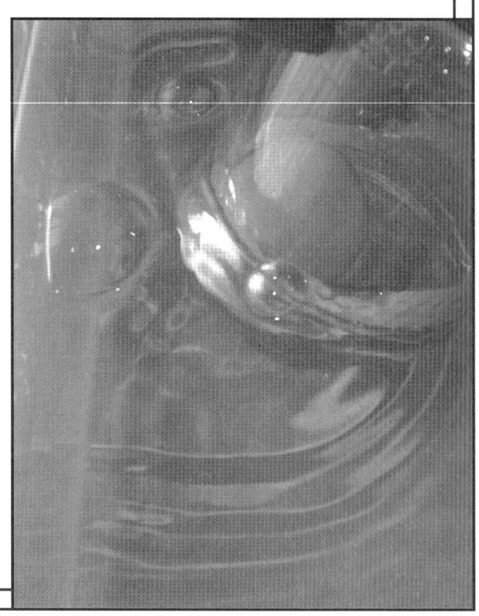

Das Glas wird beatmet

Du brauchst: durchsichtiges Gefäß • Wasser + • Einmachglas • Tischtennisball • Strohhalm

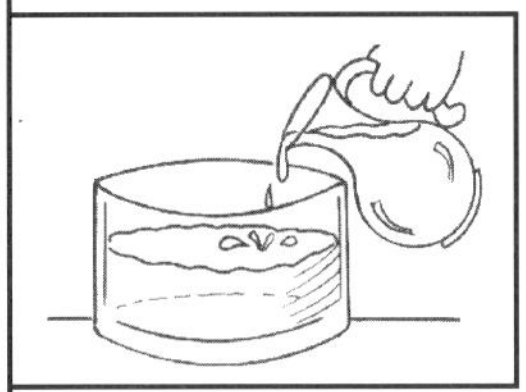
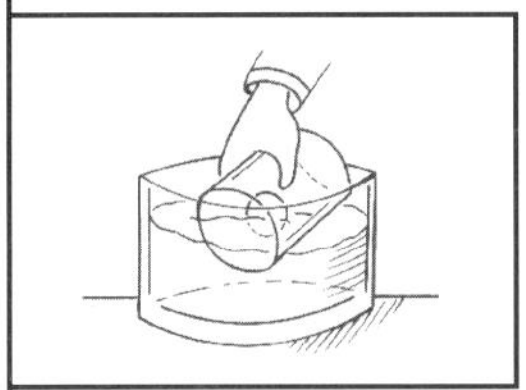
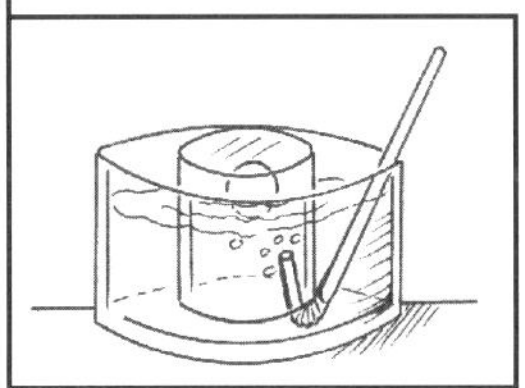

So geht es:

1. Fülle das Gefäß mit Wasser.
2. Lege den Tischtennisball in das Einmachglas.
3. Lege das Glas mit dem Ball schräg in das Gefäß, sodass es sich ganz mit Wasser füllt.
4. Drehe das Glas nun unter Wasser so, dass die Öffnung zum Boden des Gefäßes zeigt.
5. Blase durch den Strohhalm Luft in das Glas.

Was beobachtest du?
Kannst du es erklären?

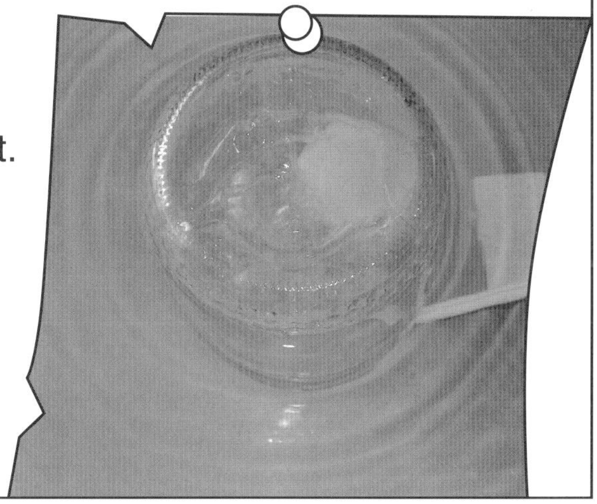

Experimente mit:
LUFT

Lösung: Das Glas wird beatmet

Beobachtung
- Luftbläschen steigen in das Glas.
- Die Luft im Glas wird immer mehr, das Wasser immer weniger.

Erklärung
Die Luft verdrängt das Wasser aus dem Glas.

Anwendung
Auf diese Art und Weise können gesunkene Schiffswracks vom Meeresgrund gehoben werden: Pumpt man genügend Luft in den Innenraum des Schiffes, steigt es nach oben.
Das Schiff kann so gehoben werden, ohne dass ein Kran benötigt wird.

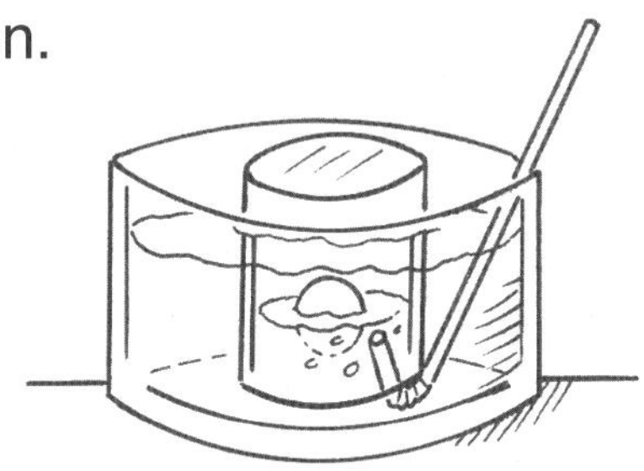

Luft lässt sich zusammenpressen

Du brauchst: Luftpumpe (Fahrradpumpe)

So geht es:

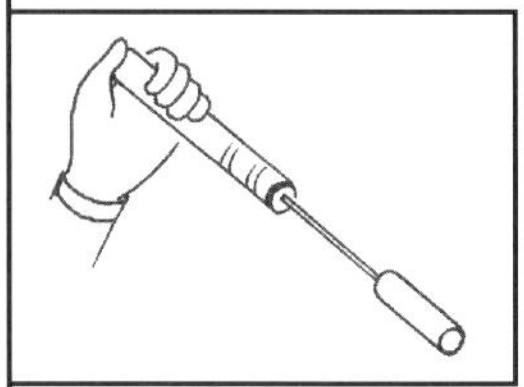

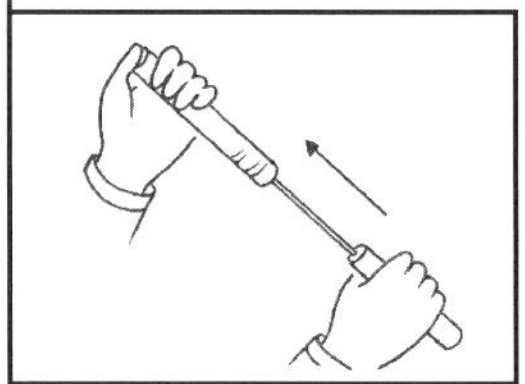

?

1. Ziehe den Kolben der Luftpumpe heraus.
2. Halte die Öffnung mit einem Finger zu.
3. Presse den Kolben nun so weit wie möglich in die Pumpe.
4. Lasse den Kolben anschließend wieder los.

Wie weit konntest du den Kolben in die Pumpe pressen? Was hast du dabei gespürt? Was ist passiert, als du den Kolben wieder losgelassen hast?

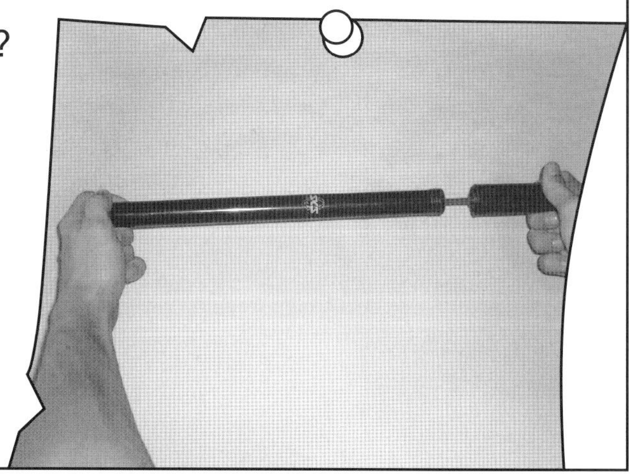

Experimente mit: LUFT

Lösung: Luft lässt sich zusammenpressen

Beobachtung

- Der Kolben lässt sich nicht ganz zurück in die Pumpe drücken.
- An der Öffnung spürt man einen starken Druck.
- Lässt man den Kolben los, kehrt er in seine alte Position zurück.

Erklärung

Mit viel Kraft kann Luft zusammengepresst werden. Man sagt dazu: Sie wird „komprimiert“. Die zusammengepresste Luft in der Pumpe drückt gegen deren Wände. Daher wird der Kolben wieder in die Ausgangsstellung geschoben, wenn man ihn loslässt.

Anwendung

In Auto- und Fahrradreifen befindet sich zusammengepresste Luft. Sie wirkt wie ein Polster. Das Fahrzeug kann so gut über Unebenheiten fahren.

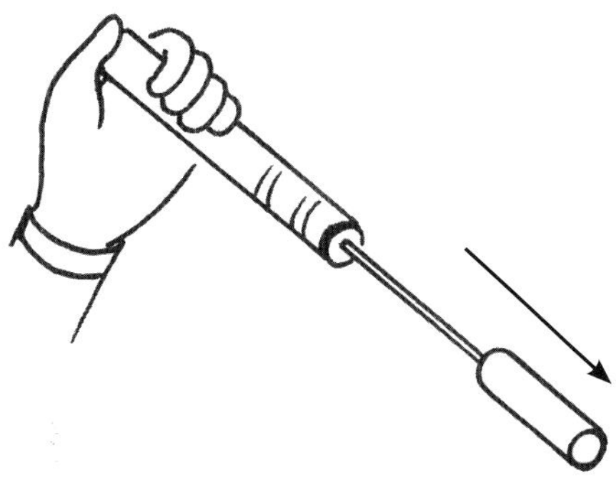

Der Ballon in der Flasche

Du brauchst: Flasche • länglichen Luftballon • Strohhalm

So geht es:

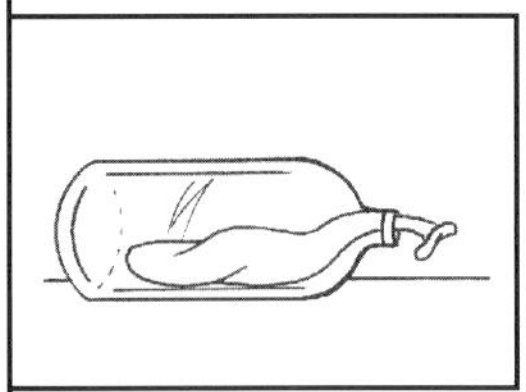

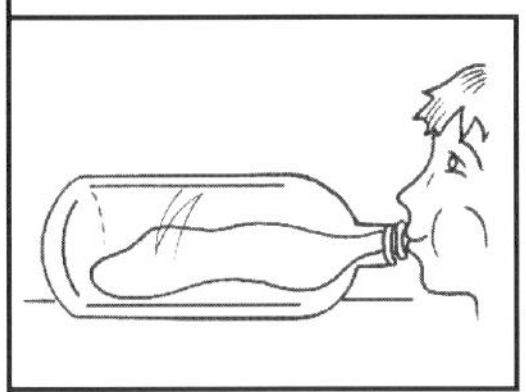

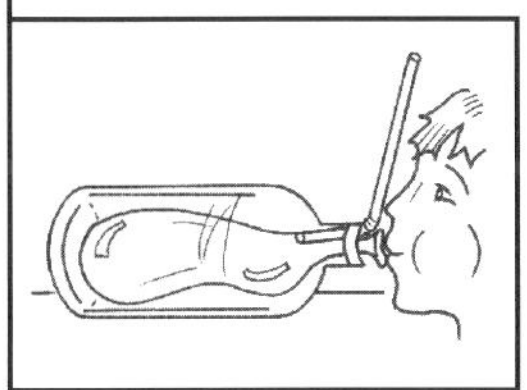

1. Stecke den Luftballon in die Flasche. Das Mundstück muss aus dem Flaschenhals herausschauen.
2. Versuche, den Luftballon in der Flasche aufzublasen.
3. Stecke anschließend einen Strohhalm neben den Luftballon in die Flasche.
4. Versuche erneut, den Luftballon aufzublasen.

Was beobachtest du?
Was passiert mit der Luft?

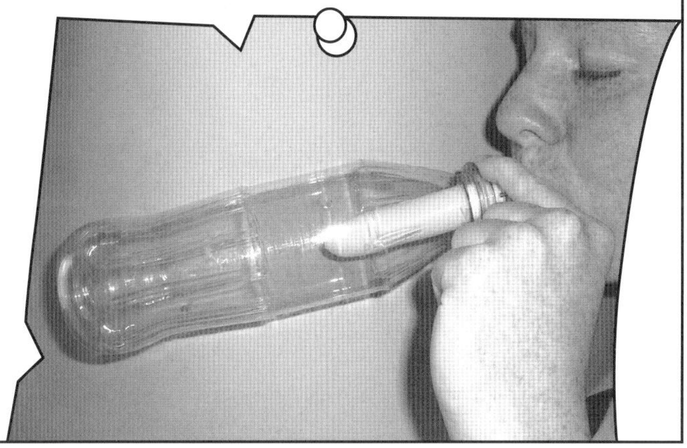

Experimente mit:
LUFT

Lösung: Der Ballon in der Flasche

Beobachtung

- Der Luftballon lässt sich zunächst nicht aufblasen.
- Mit dem Strohhalm in der Flasche kann man den Luftballon aufblasen.

Erklärung

Die Flasche ist mit Luft gefüllt. Für weitere Luft ist kein Platz. Deshalb lässt sich der Luftballon zuerst nicht aufblasen. Steckt man neben den Luftballon den Strohhalm in die Flasche, kann die Luft aus der Flasche entweichen. Für die Luft, die man hineinpustet, ist nun Platz. Deshalb lässt sich der Ballon jetzt in der Flasche aufblasen.

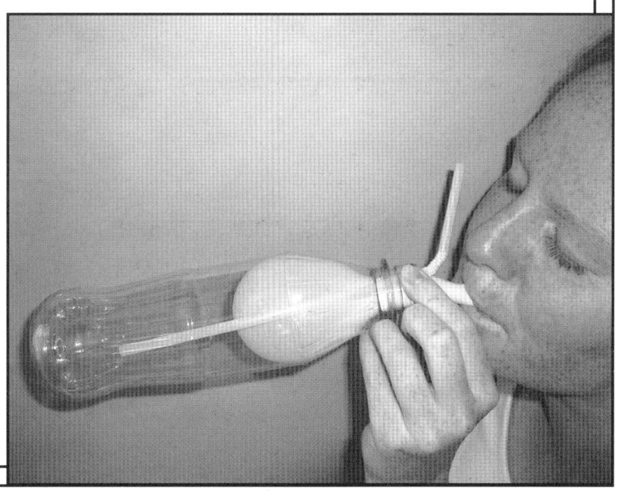

BVK PA119 • Andrea Baumgarten: Experimente Band 1

Die magischen Hände

Du brauchst: gekühlte, leere Flasche + • Luftballon • viele Hände von Kindern

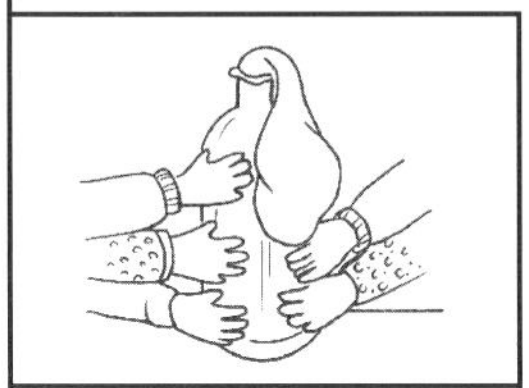

?

So geht es:

1. Stülpe den Luftballon über die gekühlte Flasche.
2. Lege zusammen mit anderen Kindern viele Hände auf die Flasche.

Was beobachtest du?
Hast du eine Idee,
warum dies geschieht?

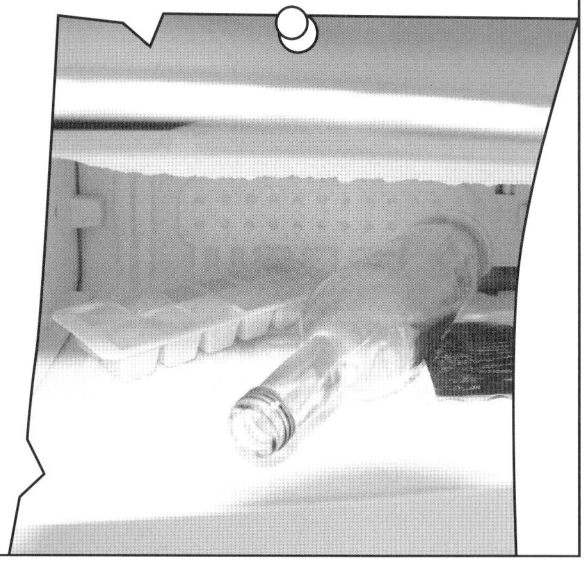

Experimente mit: LUFT

Lösung: Die magischen Hände

Beobachtung

• Der Luftballon wird aufgeblasen.

Erklärung

Die Luft besteht aus Molekülen, winzigen Teilchen, die sich bewegen. Wenn die Luft erwärmt wird, bewegen sich die Moleküle in der Flasche schneller und brauchen mehr Platz. Die Luft dehnt sich aus und bläst den Luftballon auf.

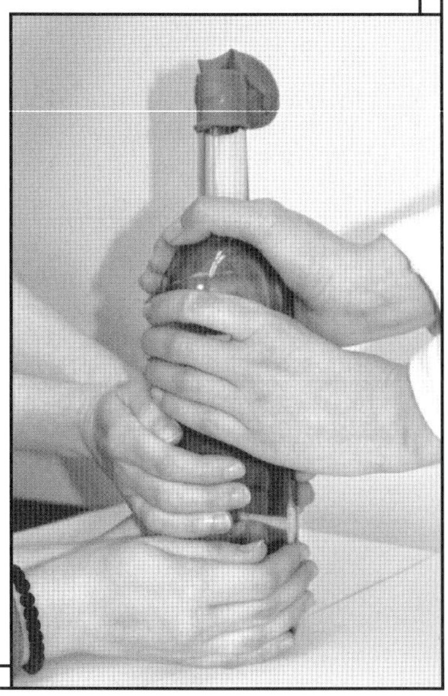

Anwendung

Wenn man einen Ball in die Sonne legt, wird er praller.

BVK PA119 • Andrea Baumgarten: Experimente Band 1

Experimente mit: **LUFT**

Luftwaage

Du brauchst: Kartenständer + • dünnen Holzstab • zwei große Joghurtbecher • Klebeband • Teelicht • Fäden • Streichhölzer • feuerfeste Unterlage

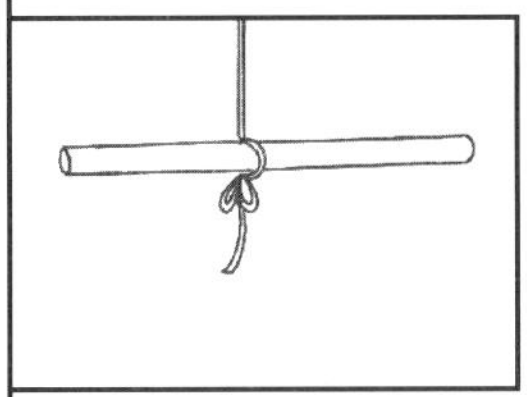

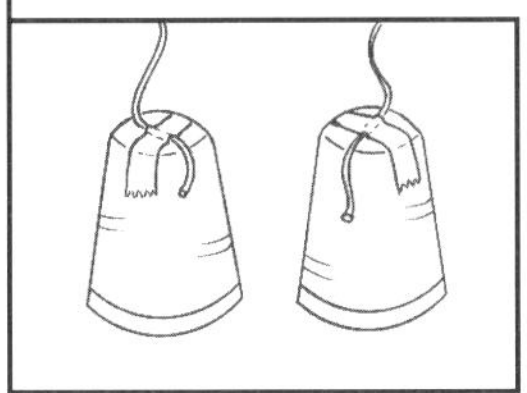

So geht es:

1. Hänge den Holzstab mit Hilfe eines Fadens waagerecht → an den Kartenständer.
2. Befestige an den Böden der Joghurtbecher mit Klebeband je einen Faden.
3. Binde die Fäden der Joghurtbecher so an den Stabenden fest, dass der Stab immer noch waagerecht hängt.
4. Stelle unter einen Joghurtbecher ein brennendes Teelicht.

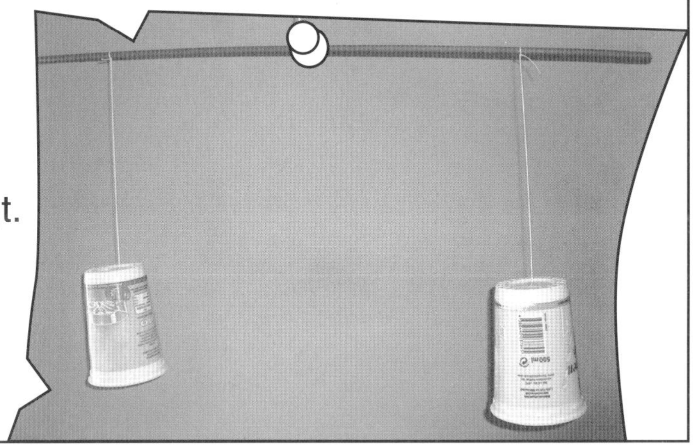

Experimente mit: **LUFT**

Lösung: Luftwaage

Beobachtung

- Der Joghurtbecher über dem Teelicht scheint leichter zu werden: Die Waage neigt sich.

Erklärung

Luft besteht aus winzig kleinen Teilchen, den Molekülen, die sich bewegen. In warmer Luft bewegen sie sich schneller. Wenn das Teelicht die Luft erwärmt, steigt diese nach oben.
Der Joghurtbecher wird mit nach oben gedrückt.

Experimente mit: LUFT

Die Luftballonwaage

Du brauchst: dünnen Holzstab • zwei gleich große Luftballons • drei zirka 30 cm lange Fäden • Kartenständer + • Bleistift • Lineal • Schere

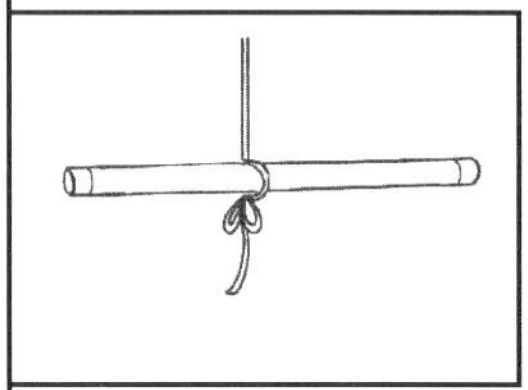

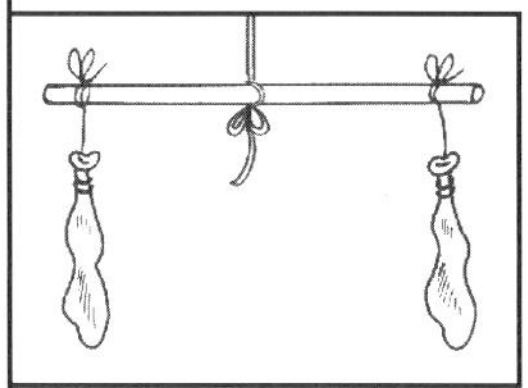

?

So geht es:

1. Zeichne 3 cm von den Enden einen Strich auf den Stab.
2. Hänge den Stab mit einem Faden waagerecht → an den Kartenständer.
3. Knote an die Fäden jeweils einen unaufgeblasenen Luftballon.
4. Knote die Fäden mit den Luftballons an den Markierungen an den Stab.
5. Blase dann einen der beiden Luftballons auf und knote ihn wieder an den Faden.

Was beobachtest du?

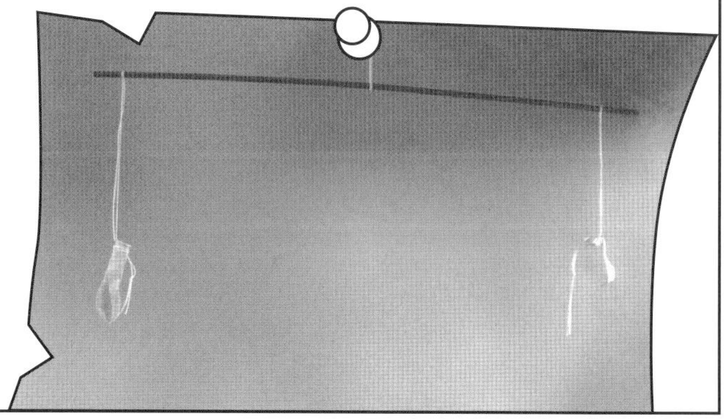

Experimente mit: LUFT

Lösung: Die Luftballonwaage

Beobachtung

- Wenn die beiden Luftballons unaufgeblasen sind, befindet sich die Waage im Gleichgewicht.
- Ist ein Luftballon aufgeblasen, neigt sich die Waage auf die Seite des aufgeblasenen Luftballons.

Erklärung

Die Luft, die in den Luftballon geblasen wird, hat ein Gewicht. Deshalb ist der aufgeblasene Luftballon schwerer als der unaufgeblasene.

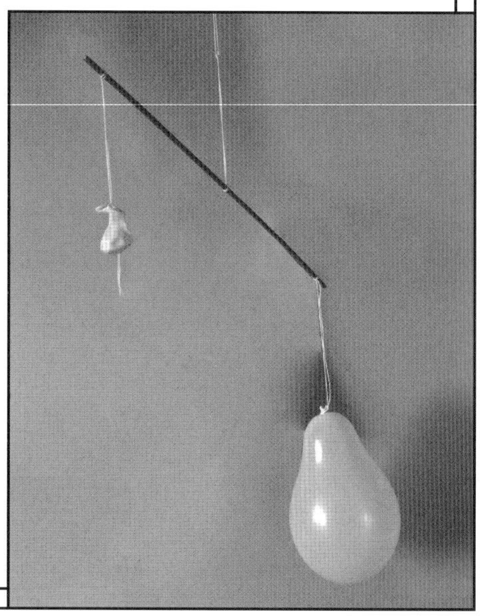

Experimente mit: **LUFT**

Die Zeitung hält das Lineal

Du brauchst: langes Holzlineal (30 cm) • großes Zeitungsblatt • Tisch +

So geht es:

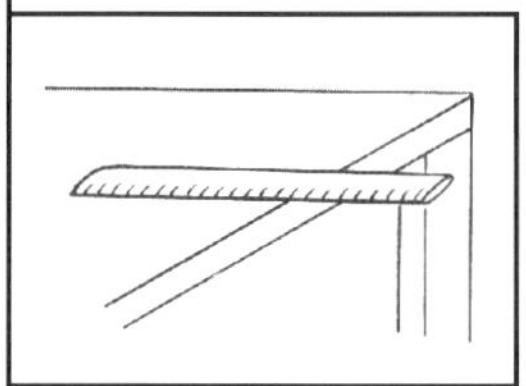

1. Lege das Lineal so auf den Tisch, dass es zu etwa einem Drittel über die Tischkante hinausragt.
2. Lege das Zeitungsblatt auf den Teil des Lineals, der auf dem Tisch liegt.

3. Schlage nun mit der Hand auf den überstehenden Teil des Lineals.
   Vorsicht: Ein zu starker Schlag kann das Lineal zerbrechen!

?

Was passiert mit dem Lineal? Welche Rolle spielt die Luft dabei?

Experimente mit: **LUFT**

Lösung: Die Zeitung hält das Lineal

Beobachtung

• Das Lineal bleibt auf dem Tisch.

Erklärung

Auch Luft hat ein Gewicht. Das Gewicht der Luft über dem Zeitungsblatt drückt dieses nach unten. Das große Zeitungsblatt „hält“ das Lineal fest. Wenn die Oberfläche des Blattes groß genug ist, kann die Luft selbst bei starken Schlägen verhindern, dass das Zeitungsblatt angehoben wird.

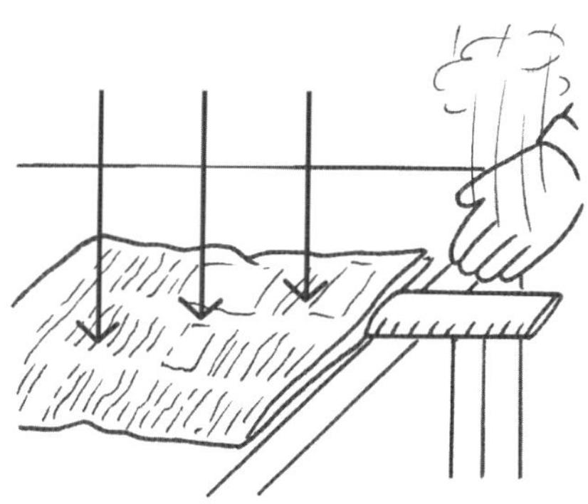

Papier stoppt das Wasser

Du brauchst: Glas mit glattem Rand • Ansichtskarte • Wasser + • großes Gefäß

So geht es:

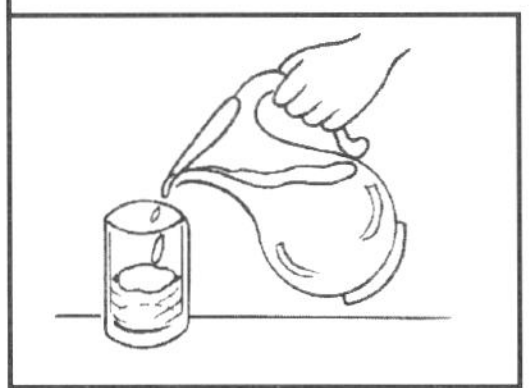

1. Fülle das Glas ganz oder teilweise mit Wasser.
2. Drücke die Ansichtskarte mit der glatten Bildseite nach unten auf das Glas.

3. Halte das Glas über das Gefäß.
4. Halte die Ansichtskarte fest und drehe das Glas um.
5. Lasse die Karte nun vorsichtig los.

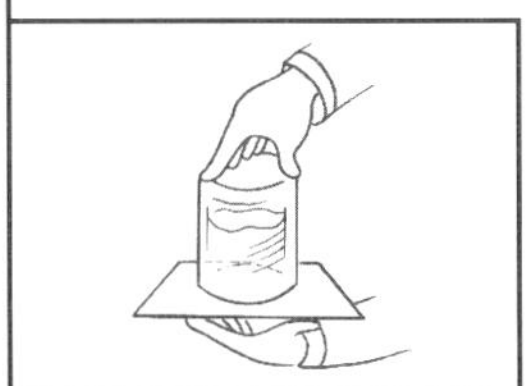

Was passiert?
Welche Rolle spielt die Luft dabei?

Experimente mit:
LUFT

Lösung: Papier stoppt das Wasser

Beobachtung

- Die Ansichtskarte „klebt“ am Glasrand.
- Das Wasser fließt nicht heraus.

Erklärung

Die Luft „drückt“ von allen Seiten gleichmäßig auf das Glas und die Ansichtskarte. Dies nennt man „Luftdruck“. Er drückt von unten so stark gegen die Ansichtskarte, dass das Wasser im Glas bleibt.

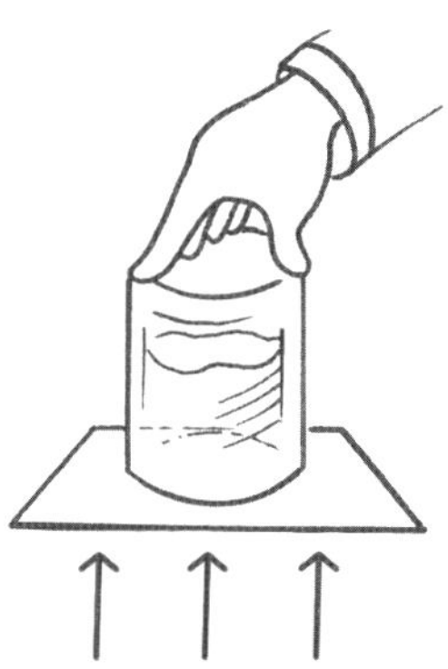

Gewichtheber

Du brauchst: Luftballon • Bücher + • Tisch +

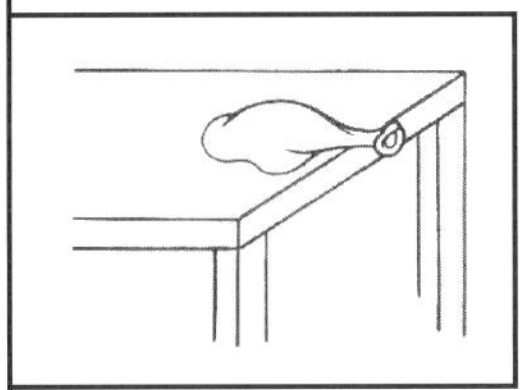

So geht es:

1. Lege den Luftballon auf die Tischkante.
2. Staple einige Bücher darauf.
3. Blase den Luftballon auf.

Was beobachtest du?
Was lernst du dabei über die Luft?

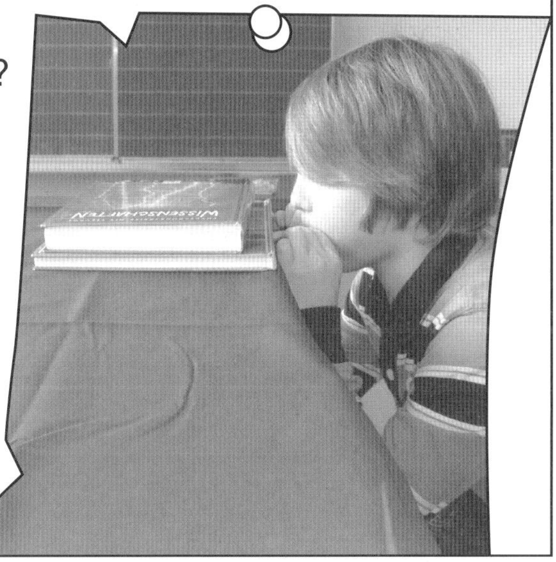

Experimente mit: LUFT

Lösung: Gewichtheber

Beobachtung

- Der Luftballon hebt den Bücherstapel an und kann ihn schließlich sogar umkippen.

Erklärung

Je stärker der Luftballon aufgeblasen wird, desto größer wird er.
Je mehr Luft sich im Ballon befindet, umso enger wird sie zusammengedrückt und umso größer ist damit der Druck im Ballon.
Dieser Druck wird auf den Bücherstapel übertragen: Der Bücherstapel wird angehoben.

Anwendung

Große Luftmengen können sogar schwere Gegenstände anheben. Setzt sich ein Kind auf ein Brett, das auf einem Fahrradschlauch liegt, kann man dieses anheben, indem man den Fahrradschlauch aufpumpt.

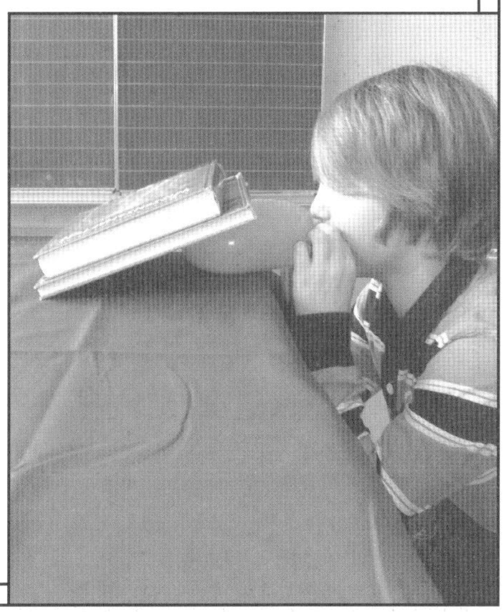

Experimente mit: LUFT

Das widerspenstige Papierkügelchen

Du brauchst: leere Flasche • Papierkügelchen oder Styroporstück

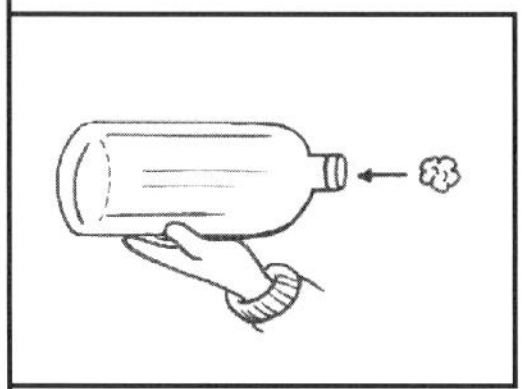

So geht es:

1. Halte die offene, leere Flasche waagerecht → vor den Mund.
2. Lege ein Papierkügelchen oder ein Stück Styropor in den Flaschenhals.
3. Versuche, es in die Flasche zu blasen.

Was überrascht dich?
Findest du eine Erklärung?

Experimente mit: LUFT

Lösung: Das widerspenstige Papierkügelchen

Beobachtung

• Das Papierkügelchen fällt aus der Flasche heraus.

Erklärung

Die Flasche ist mit Luft gefüllt. Wenn man noch mehr Luft hineinbläst, muss gleichzeitig Luft aus der Flasche entweichen. Diese Luft drückt das Papierkügelchen aus der Flasche heraus.

Experimente mit:
LUFT

Das Teelicht im Glas

Du brauchst: Teelicht • Teller • Glas • Streichhölzer

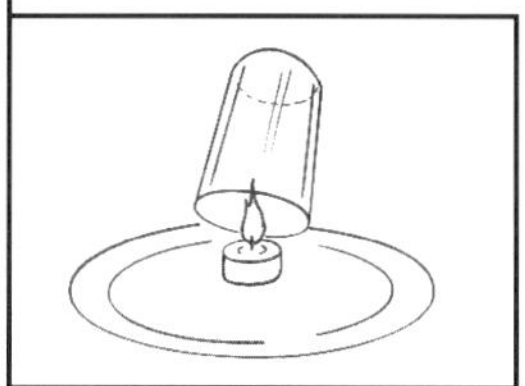

?

So geht es:

1. Stelle das Teelicht in die Mitte des Tellers.
2. Zünde es an.
3. Stülpe ein Glas darüber.
4. Warte einige Zeit.

Was passiert?
Findest du eine Erklärung?

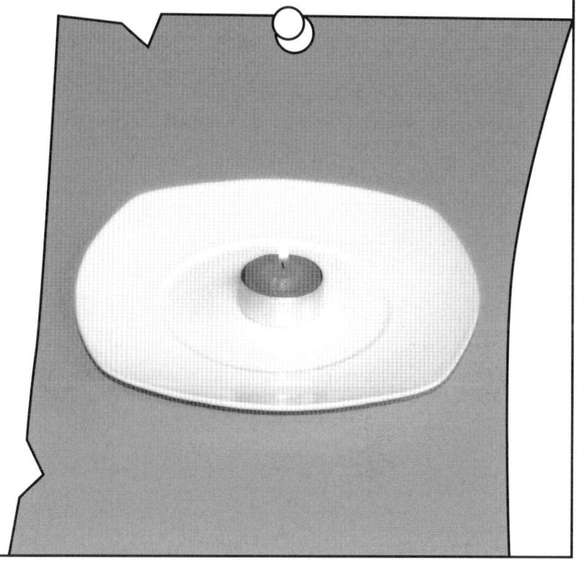

Experimente mit:
LUFT

Lösung: Das Teelicht im Glas

Beobachtung

- Das Teelicht geht nach einiger Zeit aus.

Erklärung

Das Teelicht braucht zum Brennen Sauerstoff. Sauerstoff befindet sich in der Luft und ist unsichtbar. Nach einiger Zeit hat das Teelicht den Sauerstoff im Glas verbraucht. Ohne Sauerstoff kann es nicht brennen.
Deshalb geht es aus.

Anwendung

Auch wir Menschen brauchen Sauerstoff zum Atmen. Auf dem Mond gibt es keine Luft, und somit auch keinen Sauerstoff.
Deshalb können Astronauten dort nur mit Hilfe eines Sauerstoff-Gerätes atmen.

Das Wasser steigt im Glas

Du brauchst: Teelicht • Teller • Glas • Wasser + • Streichhölzer

So geht es:

1. Stelle das Teelicht in die Mitte des Tellers.
2. Gieße in den Teller etwas Wasser.
3. Zünde das Teelicht an.

4. Stülpe das Glas über das Teelicht und stelle es auf den Teller.
5. Warte einige Zeit.

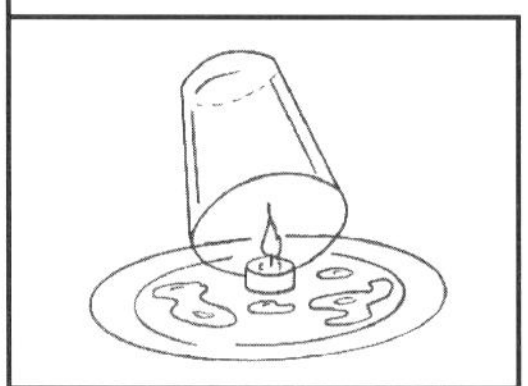

Was passiert?
Woran könnte dies liegen?
Denke dabei an alles,
was du über Luft weißt.

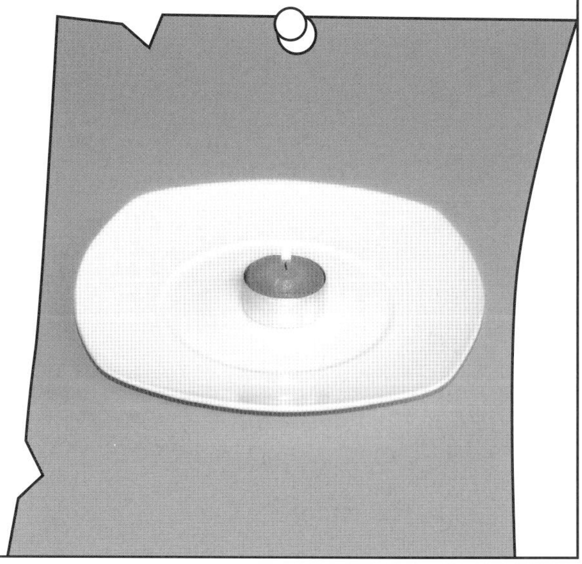

Experimente mit:
LUFT

Lösung: Das Wasser steigt im Glas

Beobachtung

- Nach kurzer Zeit erlischt die Flamme.
- Das Wasser aus dem Teller dringt in das Glas ein.

Erklärung

Die Flamme des Teelichtes erwärmt die Luft im Glas. Dadurch bewegen sich die kleinen Teile der Luft, die Luftmoleküle, schneller und nehmen mehr Platz ein. Nach einiger Zeit hat das Teelicht den Sauerstoff im Glas verbraucht und erlischt. Die Luft im Glas wird nicht mehr erwärmt, sie kühlt ab. Die Luftmoleküle bewegen sich dann nicht mehr so schnell und brauchen deswegen weniger Platz: Der Luftdruck im Glas sinkt. Der Luftdruck außerhalb des Glases ist jetzt größer als im Glas. Die Luft drückt das Wasser ins Glas.

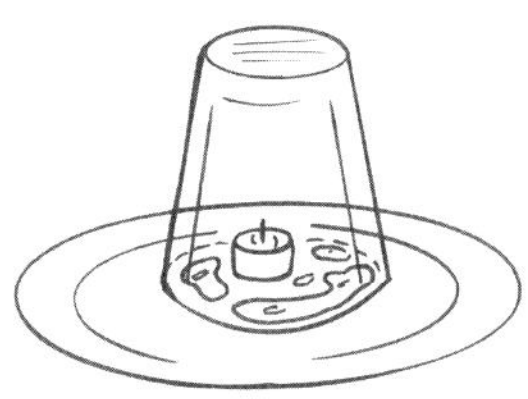

Experimente mit: LUFT

Die fallenden Blätter

Du brauchst: zwei gleich große Blätter Papier

So geht es:

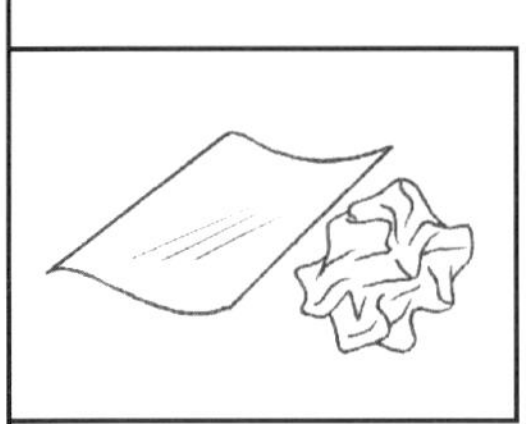

1. Knülle ein Blatt zusammen.
2. Lasse die beiden Blätter aus gleicher Höhe fallen.

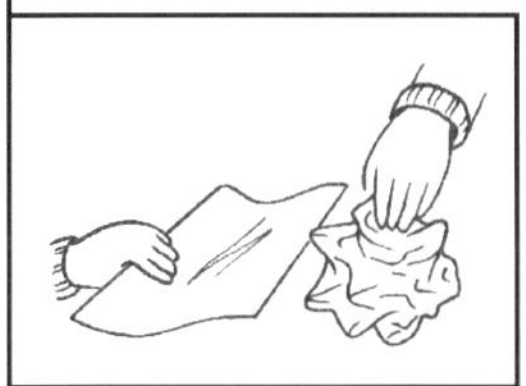

Was fällt dir auf?
Welches Blatt erreicht zuerst den Boden?
Wie kannst du dies erklären?

?

Experimente mit: LUFT

Lösung: Die fallenden Blätter

Beobachtung

- Das zusammengeknüllte Blatt fällt geradlinig und erreicht den Boden schnell.
- Das glatte Blatt schwebt langsam, nicht geradlinig zu Boden.

Erklärung

Das Papier wird von der Schwerkraft angezogen. Deswegen fällt es zu Boden. Die Luft bietet allerdings einen Widerstand, der das Papier bremst. Dieser Widerstand ist umso größer, je größer die Fläche des Papiers ist. Das zusammengeknüllte Blatt hat eine kleine Fläche und wird nur wenig von der Luft gebremst. Das glatte Blatt hat eine große Fläche und wird viel stärker von der Luft gebremst.

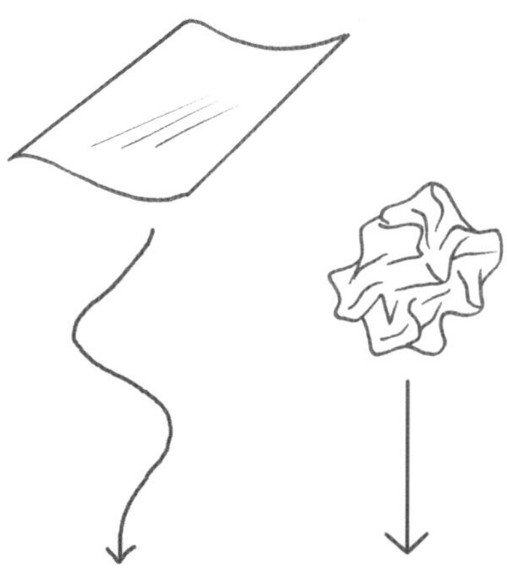

Anwendung

Bei einem offenen Fallschirm bremst die Luft viel stärker als bei einem geschlossenen, da sich unter dem geöffneten Fallschirm viel mehr Luft befindet. Der Widerstand ist größer. Daher fällt man mit einem geöffneten Fallschirm viel langsamer.

Laufen gegen ein Zeitungsblatt

Du brauchst: großes Zeitungsblatt

So geht es:

1. Halte das Zeitungsblatt an deinen Körper.
2. Laufe so schnell, dass das Zeitungsblatt am Körper bleibt, ohne dass du es festhalten musst.
3. Falte das Zeitungsblatt immer kleiner zusammen. Laufe noch einige Male mit immer kleineren Zeitungsblättern. Du darfst sie weiterhin nicht festhalten.

Was fällt dir auf?
Woran könnte dies liegen?

Lösung: Laufen gegen ein Zeitungsblatt

Beobachtung

- Je kleiner das Zeitungsblatt wird, umso schneller muss man laufen, damit es nicht zu Boden fällt.

Erklärung

Die Luft drückt beim Laufen gegen die Zeitung und verhindert, dass sie nach unten fällt. Wenn die Fläche groß ist, drückt viel Luft gegen das Zeitungsblatt. Je kleiner dagegen die Fläche wird, desto schneller muss man laufen, da nur noch wenig Luft gegen das Zeitungsblatt drückt.

Anwendung

Lkws haben eine große Seitenfläche. Deshalb können sie bei starkem Sturm manchmal umgeblasen werden.

Die klebende Postkarte

Du brauchst: Postkarte

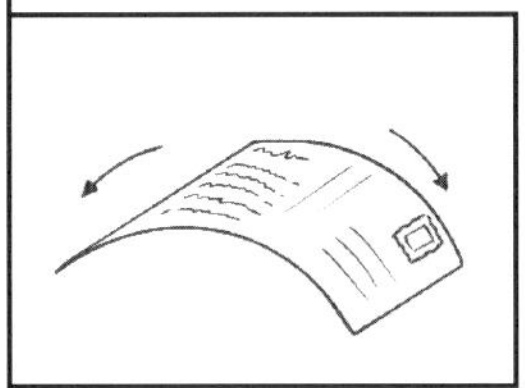

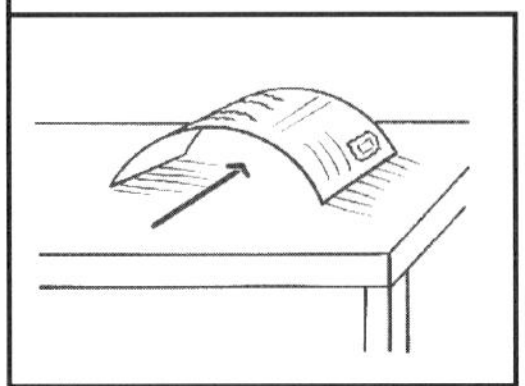

?

So geht es:

1. Biege die Postkarte vorsichtig ein wenig.
2. Lege sie mit der gewölbten Seite nach oben auf den Tisch.
3. Versuche, die Postkarte möglichst kräftig wegzupusten.

Was beobachtest du?
Was könnte der Grund dafür sein?

Experimente mit: LUFT

Lösung: Die klebende Postkarte

Beobachtung
Je kräftiger man pustet, desto stärker „klebt“ die Postkarte am Tisch.

Erklärung
Die Luft, die unten durch die Karte strömt, bewegt sich schneller als die Luft über der Karte. Wenn sich Luft schneller bewegt, wird ihr Druck niedriger. Das heißt, dass die Luft über der Karte einen stärkeren Druck ausübt als die Luft unter der Karte. Durch die unter der Karte hindurchströmende Luft entsteht unter der Karte ein Unterdruck.
Die Luft über der Karte drückt die Karte daher auf den Tisch.

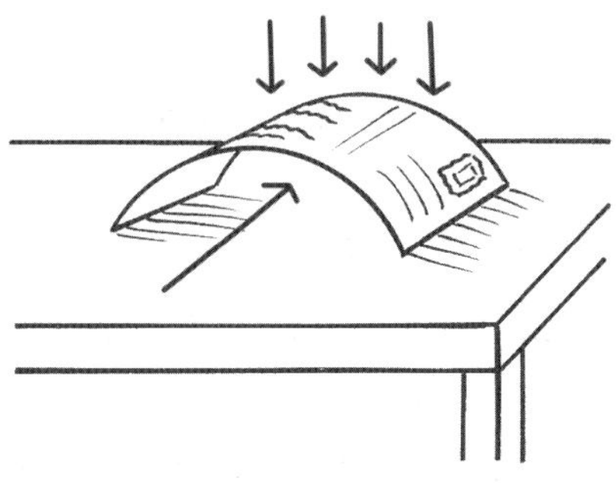

Das Blatt hebt sich

Du brauchst: dünnes Blatt Papier

So geht es:

1. Halte das Papier gespannt unter deine Lippen.
2. Blase über das Papier.

Was passiert?
Wie kannst du dies erklären?

?

Experimente mit:
LUFT

Lösung: Das Blatt hebt sich

Beobachtung
- Das Blatt hebt sich.

Erklärung
Durch das Blasen bewegt sich die Luft über dem Papier schneller als die Luft darunter. Bewegte Luft übt weniger Druck aus als unbewegte Luft. Die Luft unter dem Papier bewegt sich nicht. Ihr Druck ist also stärker und deshalb drückt sie das Papier nach oben. Dadurch wird das Papier angehoben.

Anwendung
Flugzeugtragflächen sind so geformt, dass sie durch die Luft nach oben gedrückt werden: Die Luft oberhalb des Tragflügels strömt schneller als die Luft unterhalb. Es entsteht eine „Saugwirkung“ nach oben. Starker Wind kann Dächer abdecken: Aufgrund der schnell an der Dachoberfläche vorbeiströmenden Luft entsteht im Vergleich zur ruhenden Luft unterhalb des Daches ein Unterdruck, sodass die Ziegel nach oben gehoben werden.

Der Ball im Trichter

Du brauchst: Trichter • Tischtennisball

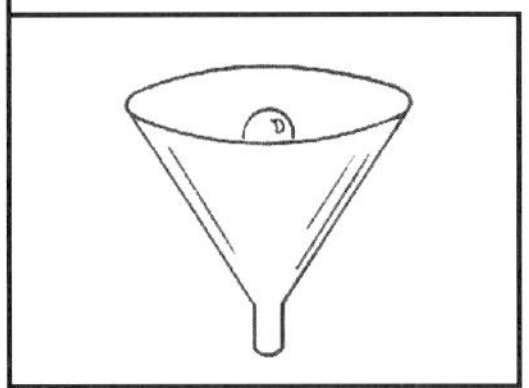

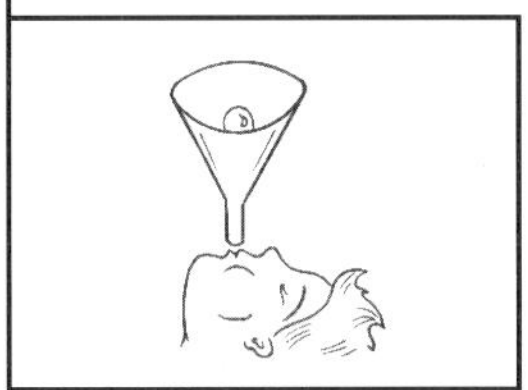

?

So geht es:

1. Lege den Tischtennisball in den Trichter.
2. Blase von unten kräftig in den Trichter.

Was ist passiert?
Findest du eine Erklärung?

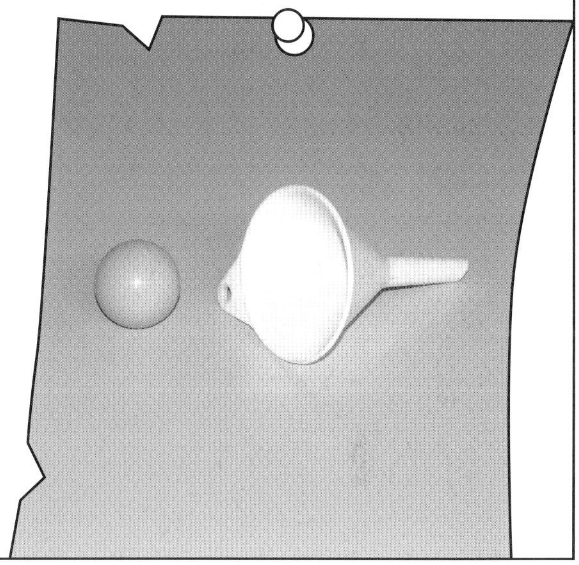

Experimente mit: LUFT

Lösung: Der Ball im Trichter

Beobachtung

- Der Ball bleibt im Trichter.
- Bläst man kräftig genug, kann man den Trichter sogar zur Seite kippen. Der Ball bleibt trotzdem im Trichter.

Erklärung

Die in den Trichter gepustete Luft ist schneller als die Luft außerhalb des Trichters. Je schneller Luft strömt, desto schwächer ist ihr Druck. Die Luft außerhalb des Trichters ist nicht bewegt und übt daher einen starken Druck von oben aus. Deshalb wird der Ball von der Außenluft in den Trichter gedrückt.

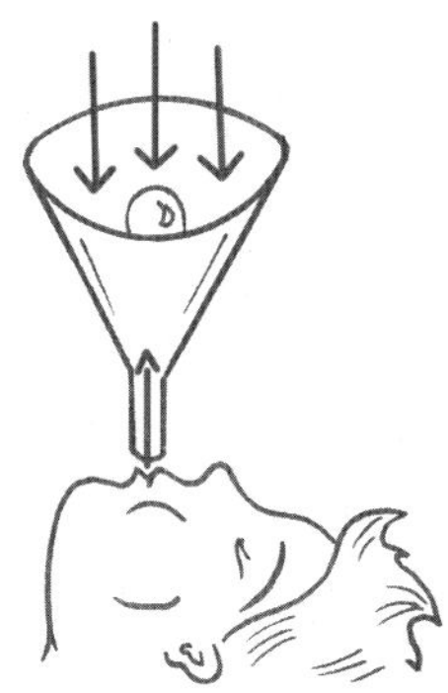

Eine Kerze auspusten

Du brauchst: leere Flasche ohne Etikett • Teelicht • Streichhölzer • Bleistift • Papier • feuerfeste Unterlage

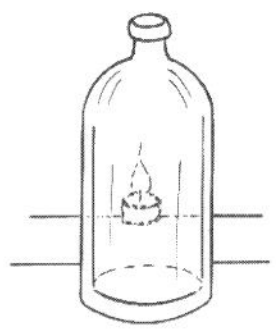

?

So geht es:

1. Stelle das Teelicht hinter die Flasche auf eine feuerfeste Unterlage.
2. Zünde es an.
3. Versuche, das Teelicht durch die Flasche hindurch auszublasen.

Welchen Weg nimmt die Luft?
Fertige eine Zeichnung an.

Lösung: Eine Kerze auspusten

Beobachtung

• Bläst man kräftig gegen die Flasche, geht das Teelicht aus.

Erklärung

Der Luftstrom wird von der Flasche geteilt und strömt um sie herum. Hinter der Flasche vereinigen sich die beiden Luftströme wieder und blasen das Teelicht aus.

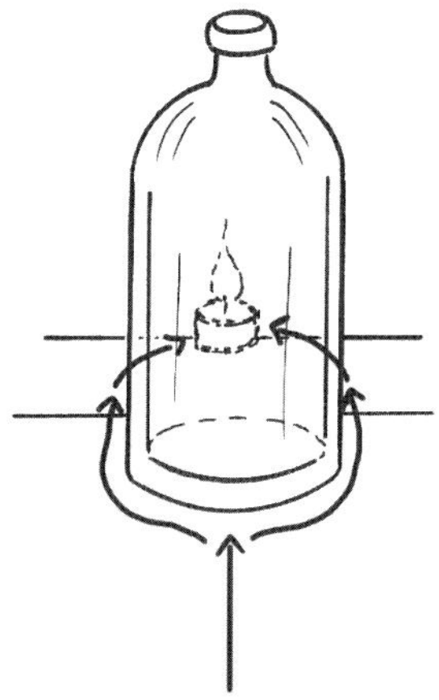

Luftballon mit Düsenantrieb

Ihr braucht: Plastikschnur • länglichen Luftballon • Klebeband • Strohhalm

So geht es:

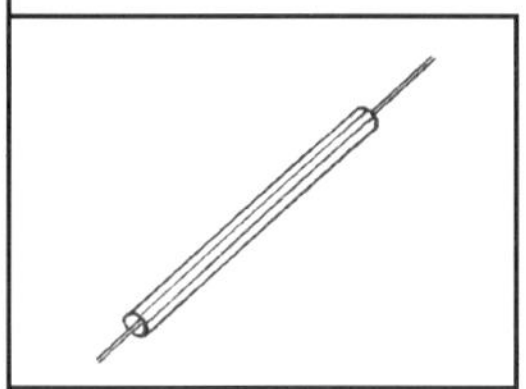

1. Einer von euch fädelt die Plastikschnur durch den Strohhalm.
2. Spannt die Schnur und haltet sie fest.
3. Einer bläst den Luftballon auf und hält ihn mit den Fingern zu.
4. Klebt den Luftballon an den Strohhalm und zieht ihn an ein Ende der Schnur.
5. Lasst den Luftballon los.

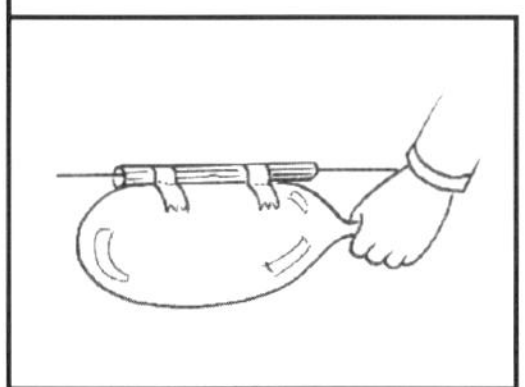

?

Was passiert?
In welche Richtung bewegt sich die Luft?

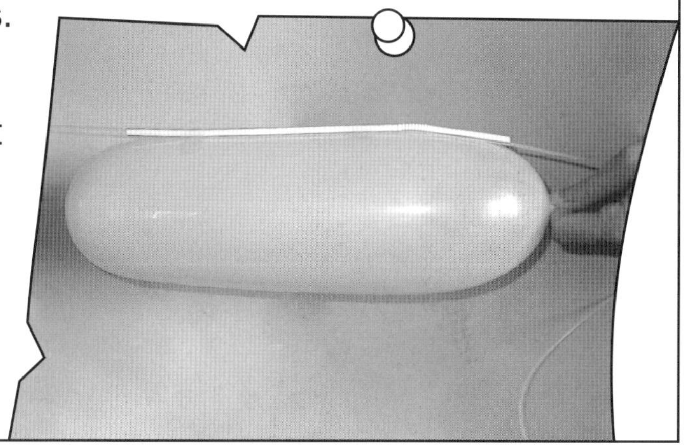

Experimente mit: LUFT

Lösung: Luftballon mit Düsenantrieb

Beobachtung
- Der Luftballon saust die Schnur entlang.

Erklärung
Die Luft im Inneren des aufgeblasenen Ballons ist stark zusammengepresst. Daher ist der Luftdruck im Inneren größer als außerhalb. Wird der Luftballon losgelassen, strömt die Luft aus ihm heraus. Das treibt den Ballon in die entgegengesetzte Richtung. Man nennt dies „Rückstoß".

Anwendung
Eine Rakete stößt beim Start heiße Gase nach unten aus. Dadurch wird sie nach oben getrieben.

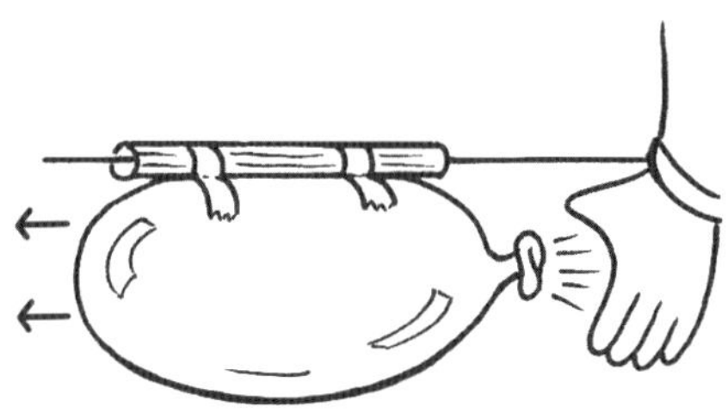

Schall

Wir Menschen können nur hören, weil um uns herum überall Luft ist: Für die Ausbreitung von Tönen wird Luft oder ein anderer Stoff, wie beispielsweise Holz, benötigt. Im Vakuum können keine Töne übertragen werden.

Damit Töne entstehen, muss die Luft in Schwingungen versetzt werden, zum Beispiel mit Hilfe unserer Stimmbänder. Diese Schwingungen werden über die Luft auf das menschliche Ohr übertragen. Mit unseren Ohren können wir nur Töne mit Frequenzen von ca. 16 bis 20 000 Hertz wahrnehmen (ein Hertz bedeutet eine Schwingung in einer Sekunde). Manche Tiere können noch höhere und tiefere Töne hören.

Die Geschwindigkeit, mit der sich der Schall ausbreitet, hängt von dem Stoff ab, durch den die Schwingungen übertragen werden. In der Luft beträgt die Schallgeschwindigkeit beispielsweise 330 m pro Sekunde, in Wasser 1 400 m pro Sekunde und in Holz sogar 4 000 m pro Sekunde.

Die Kinder besitzen oft fehlerhafte Vorstellungen zur Schallausbreitung. Sie stellen sich zum Beispiel vor, dass Töne wie materielle Objekte durch die Luft fliegen und schließen daher, dass die Luft die Schallausbreitung nicht behindert, ganz im Gegensatz zu festen Körpern. Sie glauben, dass sich der Schall in der Luft besser ausbreitet als zum Beispiel in Holz, obwohl das Gegenteil der Fall ist.

Hinweise zu einzelnen Experimenten

Zusatzinformation zu S. 38: „Das klingende Lineal"
Auch wenn man über mehrere gleiche Flaschen bläst, die verschieden hoch mit Wasser gefüllt sind, entstehen unterschiedliche Töne. Je mehr Wasser in einer Flasche ist, umso höher ist der Ton, da die Luftsäule in der Flasche schneller schwingt.

Zusatzinformation zu S. 39: „Die Gummi-Gitarre"
Die Schwingung der Saiten einer Gitarre erzeugt einen Ton. Um möglichst viele verschiedene Töne erzeugen zu können, sind die Saiten unterschiedlich dick (dünne Saiten erzeugen höhere Töne als dicke Saiten). Beim Stimmen der Gitarre wird die Spannung der Saiten verändert (schwach gespannte Saiten schwingen langsamer als stark gespannte Saiten und erzeugen deshalb tiefere Töne). Zudem kann durch das Greifen eine Saite verkürzt und dadurch ein höherer Ton erzeugt werden.

Die schwingende Saite

Du brauchst: Gitarre +

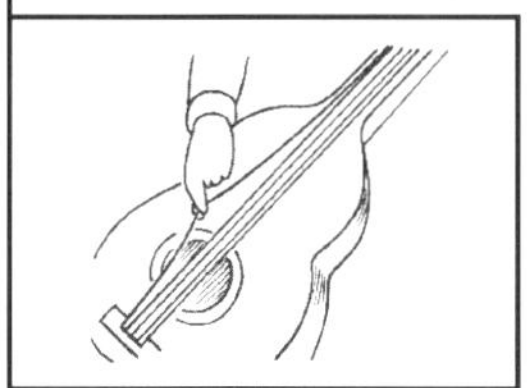

?

So geht es:

1. Zupfe vorsichtig an einer Saite der Gitarre.
2. Beobachte die angezupfte Saite.

Was geschieht?

Experimente mit: SCHALL

Lösung: Die schwingende Saite

Beobachtung

- Man hört einen Ton.
- Die Saite schwingt hin und her.

Erklärung

Alle Schallerreger schwingen schnell hin und her und erzeugen so einen Ton. Diese Schwingungen werden durch die Luft übertragen. Dadurch können wir verschiedene Töne hören.

Anwendung

Die Vibration der Stimmbänder in unserer Kehle kann man gut fühlen, wenn man während des Sprechens Finger an den Kehlkopf legt.

Streicht man kreisend mit einem angefeuchteten Finger über den Rand eines gefüllten Weinglases, beginnt es zu schwingen und es entsteht ein Ton.

Mit der Stimme vibriert die Folie

Du brauchst: Alufolie

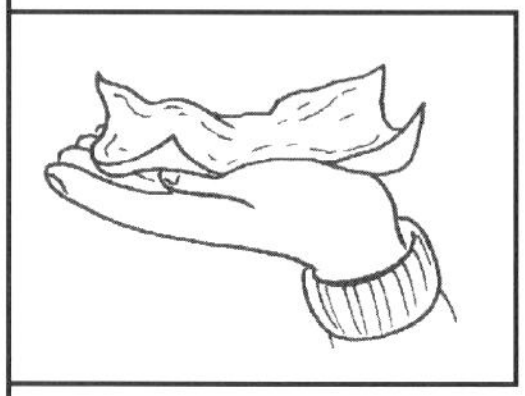

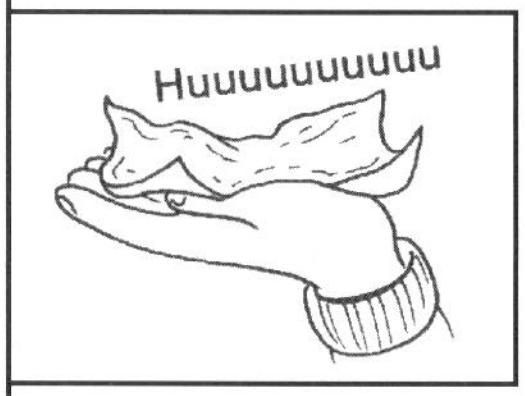

?

So geht es:

1. Lege ein größeres Stück Alufolie auf eine Hand.
2. Sprich über die Folie gebeugt ein gleich bleibendes „Huuuu“.

Was passiert mit der Alufolie?
Wie kannst du dies erklären?

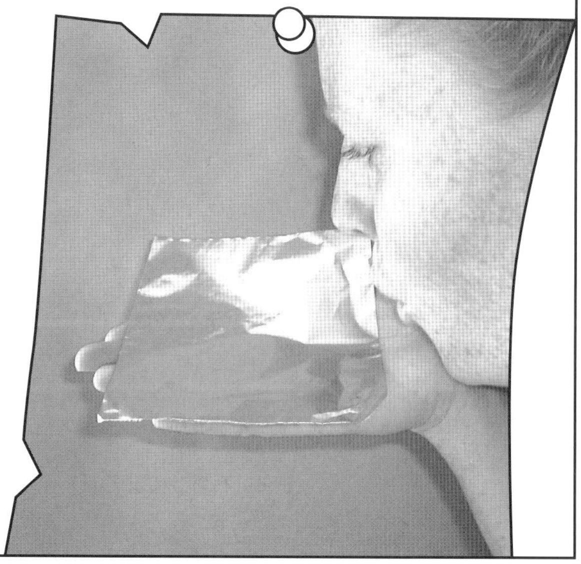

Lösung: Mit der Stimme vibriert die Folie

Beobachtung

- Die Folie beginnt leicht zu zittern und kitzelt auf der Hand.

Erklärung

Beim Sprechen schwingen die Stimmbänder in unserem Hals.
Diese Schwingungen werden durch die Luft auf die Alufolie übertragen:
Sie vibriert.

Anwendung

Hält man die Folie vor einen Lautsprecher,
vibriert sie ebenfalls. Auch unser Trommelfell
im Ohr vibriert, wenn Schallwellen auftreffen.

Experimente mit: SCHALL

Wie breiten sich Töne aus?

Du brauchst: Papprröhre • zwei Luftballons • Schere • zwei Gummiringe • Streichholz

?

So geht es:

1. Schneide den dünnen Teil der Luftballons ab.
2. Spanne über die beiden Enden der Papprröhre den breiten Teil der Luftballons. Befestige die Luftballons mit je einem Gummiring.
3. Halte die so verschlossene Papprröhre senkrecht. Lege dann ein Streichholz darauf.
4. Schnippe mit dem Finger gegen den unteren Luftballon.

Was beobachtest du?
Vermute: Wie breiten sich Töne mit Hilfe von Schall aus?

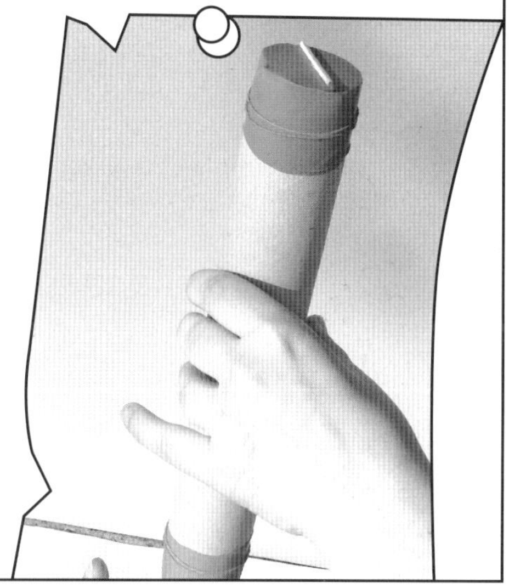

Experimente mit: SCHALL

Lösung: Wie breiten sich Töne aus?

Beobachtung
- Das Streichholz fliegt nach oben.

Erklärung
Wenn man gegen den unteren Luftballon schnippt, wird die Luft in der Papprröhre in Bewegung gesetzt. Diese Bewegung breitet sich in der Luft aus und hebt das Streichholz.
Genauso funktioniert die Ausbreitung von Schall: Wenn ein Gegenstand in Schwingung versetzt wird, breitet sich diese in der Luft weiter aus. Das sind die Schallwellen.

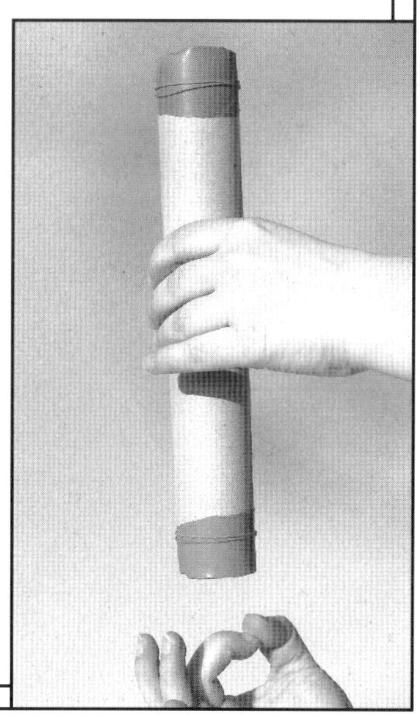

Tanzende Reiskörner

Du brauchst: kleine Blechauflaufform + • Alufolie • CD-Player + • Reiskörner +

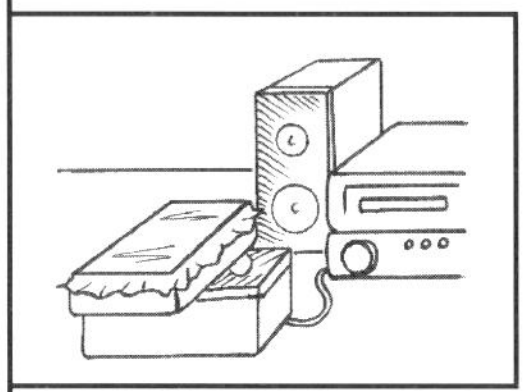

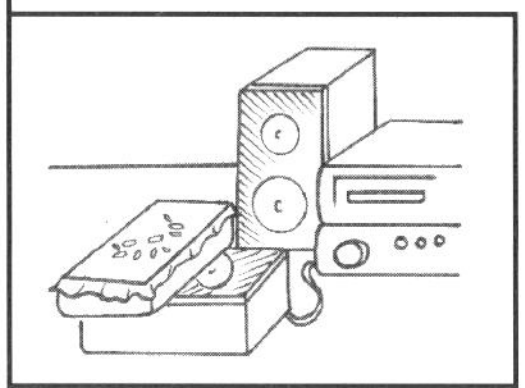

?

So geht es:

1. Spanne über die kleine Auflaufform Alufolie.
2. Stelle den CD-Player so auf, dass die Lautsprecher nach oben zeigen.
3. Lege auf einen Lautsprecher die Auflaufform mit der Alufolie.
4. Streue auf die Alufolie Reiskörner.
5. Schalte den CD-Player an. Drehe die Lautstärke langsam immer höher.

Was beobachtest du?

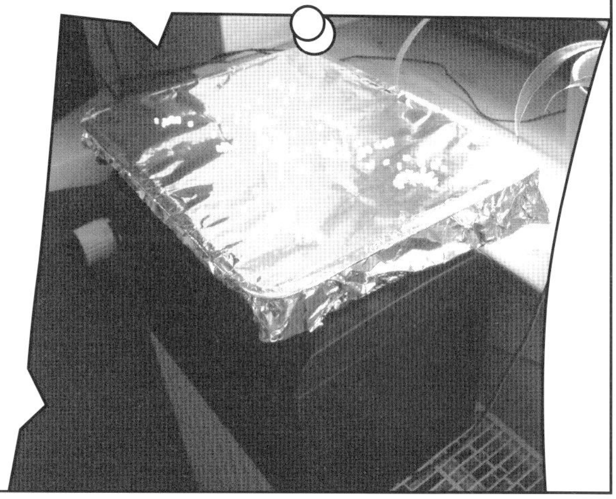

Experimente mit: SCHALL

Lösung: Tanzende Reiskörner

Beobachtung

- Die Reiskörner auf der Alufolie beginnen, sich zu bewegen.

Erklärung

Schall ist eine kaum spürbare Bewegung von Luft. Diese Bewegung breitet sich in der Luft aus und überträgt sich auf die Auflaufform und die Alufolie. Dadurch werden auch die Reiskörner in Bewegung versetzt: Sie beginnen zu „tanzen“.

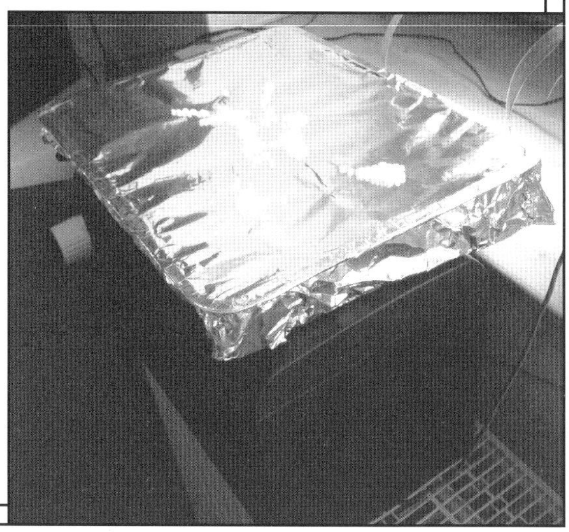

Der verzögerte Start

Du brauchst: Startklappe + • Laufbahn +

?

So geht es:

1. Ein Schüler stellt sich mit der Startklappe an ein Ende der Laufbahn.
2. Alle anderen Schüler stellen sich an das andere Ende der Laufbahn.
3. Der Schüler mit der Startklappe gibt das Startzeichen:
   „Auf die Plätze
   (Klappe geöffnet),
   fertig
   (Klappe halb zusammenführen),
   los
   (Klappe schließen)!“

Experimente mit:
SCHALL

Lösung: Der verzögerte Start

Beobachtung

- Man sieht zuerst, dass die Startklappe geschlossen ist.
- Erst nach einer kurzen Verzögerung hört man den Knall vom Schließen der Klappe.

Erklärung

Schall breitet sich in der Luft aus. Erst wenn er die Strecke bis zu den Kindern zurückgelegt hat, können sie das Geräusch auch hören.

Zusatzinformation

Schall braucht Luft (oder einen anderen Stoff, beispielsweise Holz), um sich ausbreiten zu können. Im Vakuum (= luftleerer Raum) kann sich der Schall nicht ausbreiten.
In der Luft legt er ca. 330 m pro Sekunde zurück.
Für einen Kilometer braucht er demnach etwa drei Sekunden.
Die Entfernung eines Gewitters (in Kilometern) kann also errechnet werden, indem man die Sekunden zwischen Blitz und Donner zählt und durch drei teilt.
Im Wasser ist die Schallgeschwindigkeit ungefähr fünfmal so groß wie in der Luft (ca. 1 400 m pro Sekunde).

Eine Kerze ausschnippen

Du brauchst: Pappröhre • zwei Luftballons • Schere • zwei Gummiringe • Streichholz • Teelicht • Streichhölzer • feuerfeste Unterlage

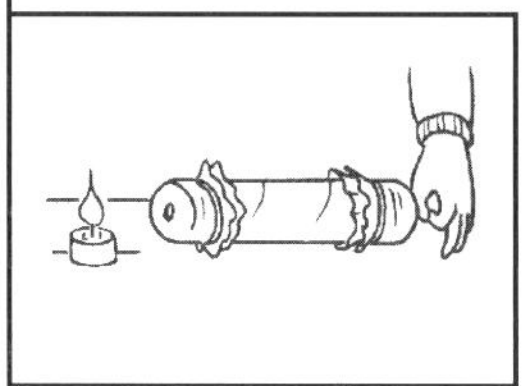

?

So geht es:

1. Schneide den dünnen Teil der Luftballons ab.
2. Spanne über die beiden Enden der Pappröhre den breiten Teil der Luftballons. Befestige die Luftballons mit je einem Gummiring.
3. Schneide auf einer Seite ein kleines Loch in den Luftballon.
4. Stelle das Teelicht auf eine feuerfeste Unterlage, zünde es an und richte das Loch auf das brennende Teelicht.
5. Schnippe mit einem Finger gegen die geschlossene Seite der Pappröhre.

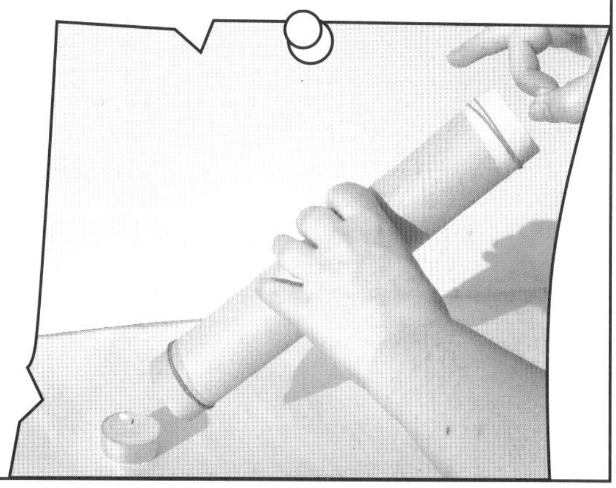

Lösung: Eine Kerze ausschnippen

Beobachtung
- Das Teelicht geht aus.

Erklärung
Das Schnippen gegen den Luftballon bringt die Luft in der Pappröhre zum Schwingen. Dadurch tritt aus dem Loch Luft aus. Dieser Luftzug löscht das Teelicht aus. Genauso funktioniert Schallübertragung: Werden Luft oder andere Materialien in Schwingungen versetzt, leiten sie Töne und Geräusche an unsere Ohren weiter.

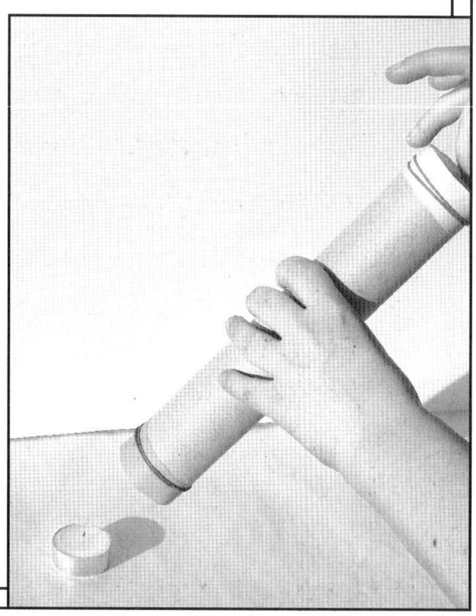

Das Schnurtelefon

Ihr braucht: mindestens 3 m Schnur • zwei leere Joghurtbecher • Nagel • Streichhölzer

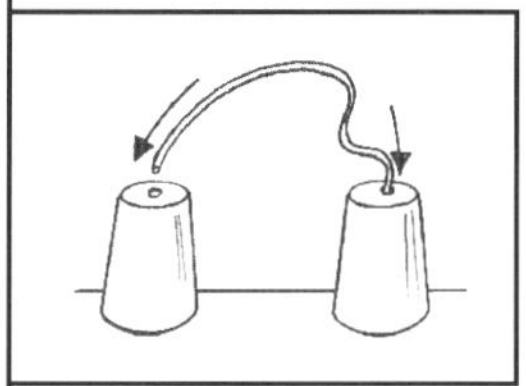

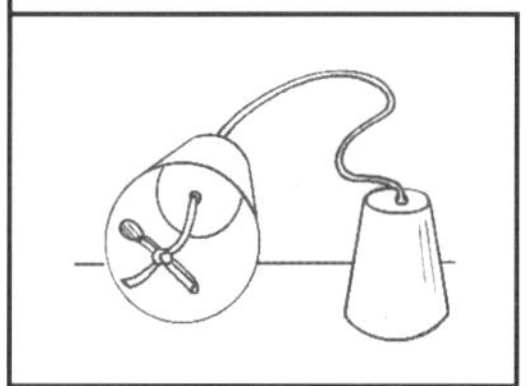

So geht es:

1. Bohrt mit dem Nagel in die Böden der Becher ein Loch, sodass die Schnur gerade durch die Löcher passt.
2. Steckt die Schnur von außen in die Löcher.
3. Knotet die Schnur im Becher jeweils an ein Streichholz.
4. Spannt die Schnur zwischen den Bechern straff.
5. Einer hält sich die Öffnung seines Bechers an sein Ohr.
6. Der andere spricht leise in seinen Becher.

Was fällt euch auf?

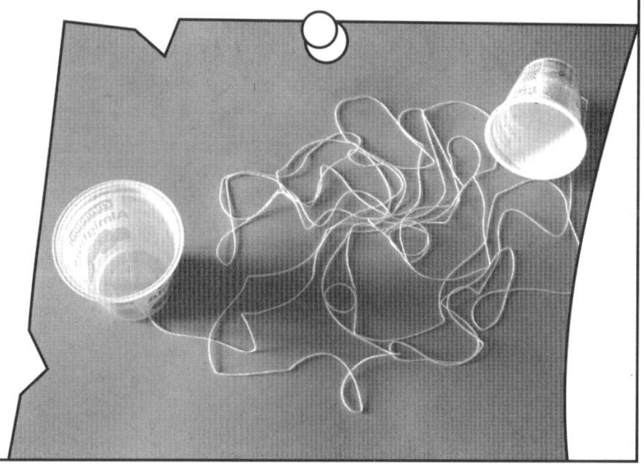

Lösung: Das Schnurtelefon

Beobachtung

• Der zweite Schüler kann das Gesprochene deutlich hören.

Erklärung

Beim Sprechen wird die Luft im Becher in Schwingungen versetzt. Diese werden von der Luft auf den Boden des Bechers und über diesen auf die Schnur übertragen. In der Schnur breiten sich die Schwingungen als Wellen aus und werden an den zweiten Becherboden weitergegeben. Dieser überträgt sie wiederum an die Luft. Der Becher verstärkt die Luftschwingungen, sodass das Gesprochene deutlich gehört werden kann.

Anwendung

Manche Musikinstrumente, wie beispielsweise die Gitarre, haben einen sogenannten „Resonanzraum", der die Töne verstärkt.

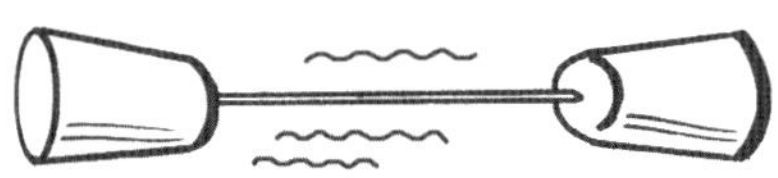

Das klingende Lineal

Du brauchst: langes Plastiklineal (30 cm) • Tisch +

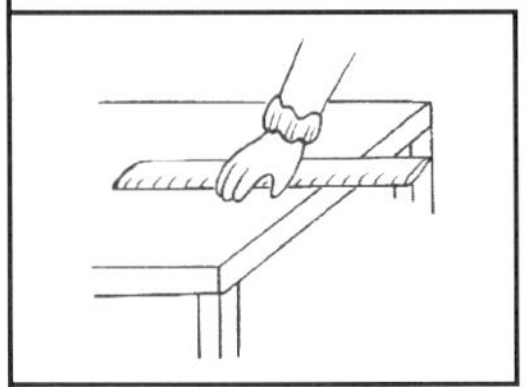

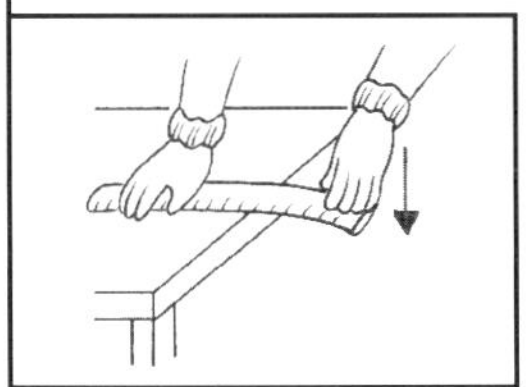

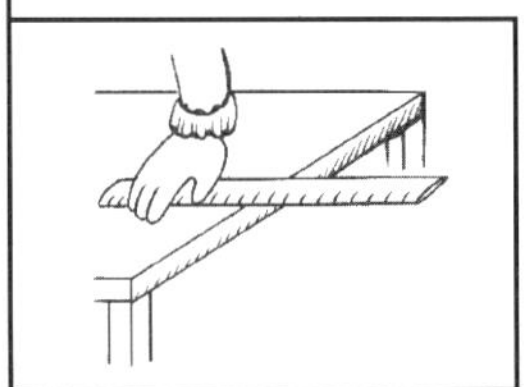

So geht es:

1. Lasse ein Ende des Lineals ein Stück über die Tischplatte hinausragen.
2. Drücke das andere Ende nahe der Tischkante auf den Tisch.
3. Drücke das freie Ende etwas nach unten. Lasse es dann los.
4. Wiederhole diesen Vorgang mehrmals: Vergrößere und verkleinere dabei die Länge des Linealstücks, das über den Tisch hinausragt.

Was beobachtest du?

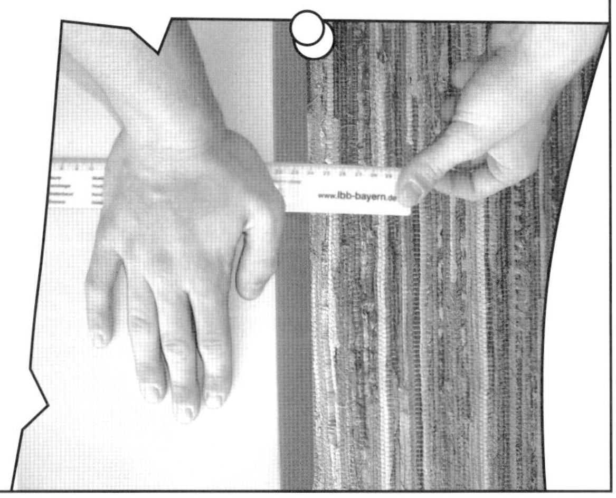

Experimente mit: SCHALL

Lösung: Das klingende Lineal

Beobachtung

- Wenn das Lineal losgelassen wird, schwingt es auf und ab.
- Während des Schwingens kann man einen Ton wahrnehmen.
- Je kürzer das schwingende Linealstück ist, desto höher ist der Ton.

Erklärung

Es entstehen Töne, wenn etwas schwingt. Die Schwingungen können oft nicht wahrgenommen werden. Mit dem Lineal kann man sie allerdings sehen.
Ob die Töne hoch oder tief sind, hängt davon ab, wie schnell die Schwingung ist. Ist das freie Stück des Lineals kurz, schwingt es sehr schnell.
Es entstehen hohe Töne.
Wenn das freie Stück des Lineals lang ist, schwingt es langsam.
Die Töne sind tief.

hohe Töne

tiefe Töne

Die Gummi-Gitarre

Du brauchst: leere Pappschachtel für Kosmetiktücher • Stift • Karton • Schere • mehrere lange Gummiringe

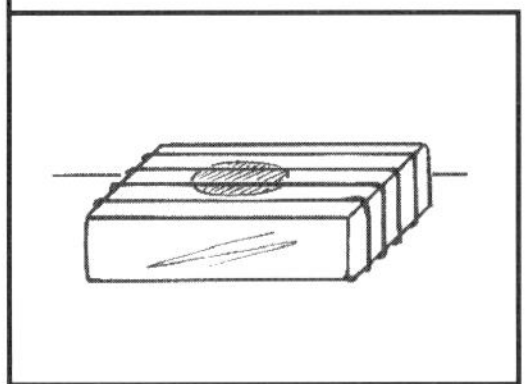

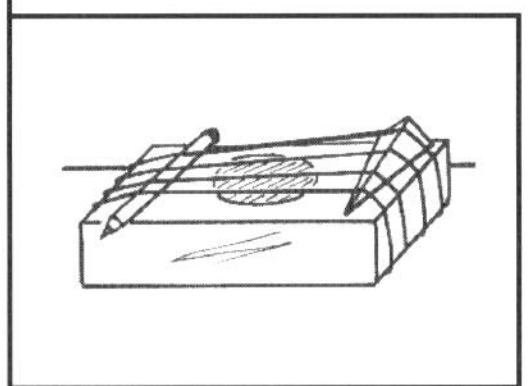

?

So geht es:

1. Spanne einige Gummiringe um die längeren Seiten der leeren Schachtel.
2. Lege links von der Öffnung den Stift unter die Gummiringe.
3. Schneide aus Karton ein Dreieck aus. Knicke es dann in der Mitte, sodass ein Keil entsteht.
4. Lege den Keil rechts von der Öffnung unter die Gummiringe.
5. Zupfe an den verschiedenen Gummiringen.

Was hörst du?

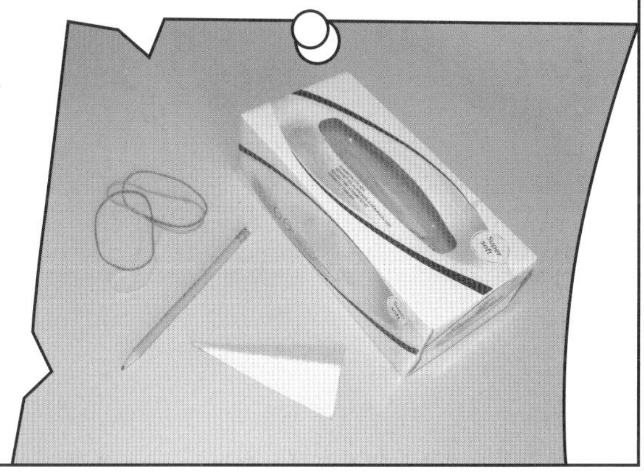

Experimente mit:
SCHALL

Lösung: Die Gummi-Gitarre

Beobachtung

- Es entstehen verschiedene Töne.

Erklärung

Die Schwingung eines Gummirings erzeugt einen Ton.
Durch den Kartonkeil sind nicht alle Gummiringe gleich stark gespannt.
Daher entstehen verschiedene Töne.
Schwach gespannte Gummiringe schwingen langsamer und erzeugen daher tiefere Töne als stärker gespannte Gummiringe.
Deshalb sind die Töne am kleinen Teil des Kartonkeils tiefer als am größeren Ende.

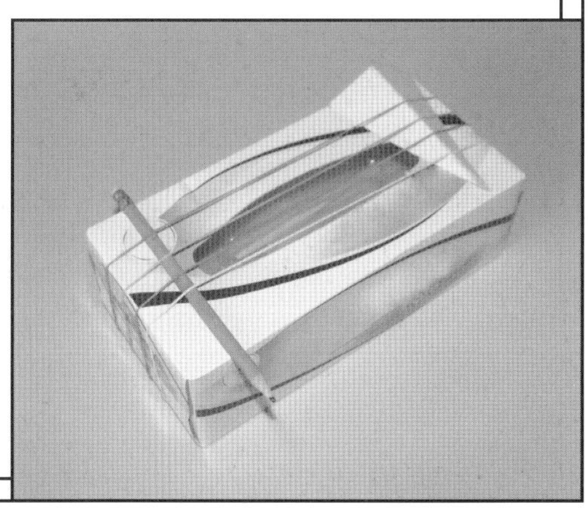

Hören wie ein Indianer

Du brauchst: mechanische, tickende Armbanduhr + • Tisch +

So geht es:

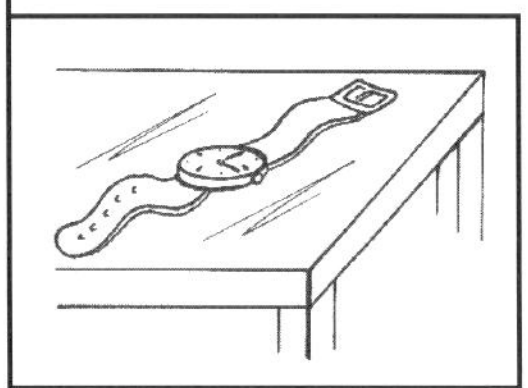

1. Halte die Uhr an dein Ohr.
2. Entferne sie langsam immer weiter, bis du das Ticken nicht mehr hören kannst.
3. Lege die Uhr in dieser Entfernung auf den Tisch.
4. Lege auch dein Ohr auf den Tisch. Die Entfernung zwischen Uhr und Ohr muss dabei gleich bleiben!

Was fällt dir auf?
Woran könnte dies liegen?

Experimente mit: SCHALL

Lösung: Hören wie ein Indianer

Beobachtung
- Das Ticken der Uhr kann jetzt wieder deutlich gehört werden.

Erklärung
Feste Stoffe übertragen Schall besser als Luft. Daher kann das Ticken durch den Tisch auch noch in einer Entfernung wahrgenommen werden, in der man es in der Luft nicht mehr hören kann.

Anwendung
Die Indianer konnten schon von weitem einen herannahenden Zug hören, wenn sie ein Ohr auf die Schienen legten.

Zusatzinformation
Harte Materialien, wie zum Beispiel Eisen, Beton und Holz, leiten den Schall gut, ebenso wie Wasser. Lockere Stoffe, wie zum Beispiel Filz, Styropor und Wolle, leiten ihn schlecht. Mit ihnen lässt sich Schall gut dämpfen.

Überkreuz hören

Du brauchst: Fahrradhelm + • zwei jeweils ca. 40 cm lange Schläuche • zwei Trichter, deren Enden in die Schläuche passen • zwei Papiertaschentücher • Klebeband

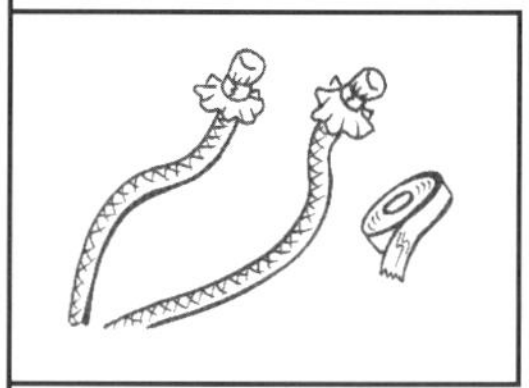

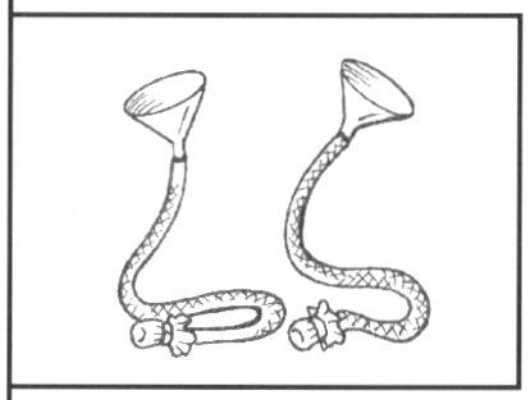

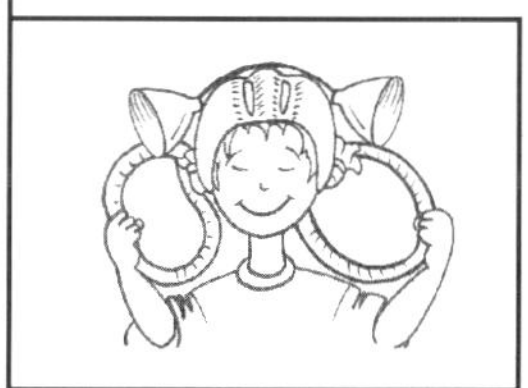

So geht es:

1. Wickle jeweils um ein Ende der Schläuche ein Papiertaschentuch. Befestige es mit dem Klebeband.
2. Stecke auf das andere Ende der Schläuche einen Trichter.
3. Klebe nun einen Schlauch so auf den Helm, dass das Trichterende nach rechts zeigt und du dir das Taschentuchende gut an dein linkes Ohr halten kannst.
4. Klebe den anderen Schlauch genau umgekehrt auf den Helm.
5. Setze den Helm auf und schließe die Augen. Dein Mitschüler läuft lachend durch den Raum.

Von wo hörst du das Lachen?

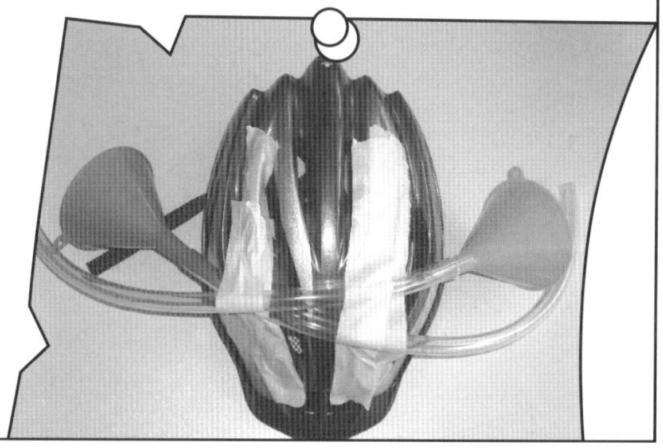

Lösung: Überkreuz hören

Beobachtung

- Du hörst das Lachen immer von dort, wo der Mitschüler gerade nicht ist.

Erklärung

Das Lachen breitet sich mit seinen Schallwellen in der Luft aus. Dabei kann das Gehirn erkennen, auf welcher Seite die Schallwellen zuerst am Ohr ankommen. So merkt man, von welcher Seite man etwas hört. Bei diesem Helm führt der Trichter auf der rechten Seite zum linken und der auf der linken Seite zum rechten Ohr. Der Trichter fängt die Schallwellen auf und leitet sie über den Schlauch weiter. Allerdings hier jeweils zum „falschen“ Ohr. Daher gibt man immer die entgegengesetzte Richtung an.

Zusatzinformation

Die Ohrmuschel des menschlichen Ohres übernimmt die gleiche Funktion wie der Trichter im Versuch: Sie bündelt die Schallwellen.

Licht

Wir kennen unsere Umwelt, da wir sie mit unseren Augen sehen können. Wir können Gegenstände aber nur sehen, wenn diese selbst leuchten oder Licht auf sie fällt. Gegenstände, die nicht selbst leuchten, kann man nur sehen, weil sie Licht reflektieren. Oft reflektieren sie allerdings nicht das gesamte Licht, sondern nur einen Teil. Farben entstehen dadurch, dass das auf die Gegenstände fallende Licht zum Teil absorbiert (verschluckt) wird und nur ein Teil der Spektralfarben des Lichtes zum Auge weitergeleitet wird.

Licht hat besondere Eigenschaften: Es legt in der Luft ungefähr 300 000 Kilometer pro Sekunde zurück, in Glas oder Wasser bewegt es sich etwas langsamer.
Das Licht der Sonne oder einer Glühbirne sieht weiß aus, besteht aber aus den Farben des Regenbogens, die man „Spektralfarben" nennt.
Außerdem enthält Licht Energie: Vor allem dunkle Gegenstände werden erwärmt, da sie wenig Licht wieder abgeben und viel Licht in Wärme umwandeln.
Wenn Licht auf Hindernisse trifft, wird es reflektiert, gestreut oder absorbiert. Bei der Reflexion ist die Richtung des Lichtes genau vorhersagbar, da der Einfallswinkel gleich dem Ausfallswinkel ist. Bei der Streuung trifft ebenfalls Licht auf und wird anschließend wieder weitergeschickt, allerdings gibt es hier keinen eindeutigen Ausfallswinkel (Bsp.: Mondlicht, indirekte Beleuchtung).

Besonders über Schatten haben Kinder häufig fehlerhafte Vorstellungen. Der Schatten wird von einigen Kindern wie eine Substanz aufgefasst, die aus einem Gegenstand heraustritt. Sie denken, dass der Schatten auch im Dunkeln vorhanden ist und man ihn dort lediglich nicht sehen kann.
Auch die Lagebeziehungen zwischen der Lichtquelle, dem Gegenstand und der Fläche, auf der der Schatten erscheint, bereiten manchmal Probleme.
Beim Spiegelbild haben die Kinder häufig die Auffassung, dass das Spiegelbild auf dem ebenen Spiegel ist, da hinter dem Spiegel, der nicht durchsichtig ist, die Wand ist. Tatsächlich befindet sich das Spiegelbild im gleichen Abstand hinter dem Spiegel wie der Gegenstand davor.

Hinweise zu einzelnen Experimenten

Zusatzinformation zu S. 43: „Der beleuchtete Ball"
Wie Tag und Nacht entstehen, kann den Kindern veranschaulicht werden, wenn statt des Wasserballes ein Globus verwendet wird: Sie können dann genau bestimmen, wo gerade Tag und wo gerade Nacht ist.

Zusatzinformation zu S. 51: „Der Abstand des Spiegelbildes"
Durch geschickte Anordnung einer brennenden Kerze vor einer Glasscheibe kann der Eindruck entstehen, dass die Kerze in einem Wasserglas, das hinter der Glasscheibe steht, brennt. Effektvoller kann dies nach vorheriger Ausrichtung demonstriert werden, wenn das Wasser erst in das Glas gefüllt wird, nachdem die Kerze schon im Glas zu stehen scheint. Es wirkt dann so, als ob die Flamme im Wasser weiter brennen würde.

Zusatzinformation zu S. 54: „Geknickte Strohhalme"
Fata Morganas in der Wüste sowie Spiegelungen an heißen Tagen auf der Straße entstehen ebenfalls aufgrund der Lichtbrechung an unterschiedlich heißen Luftschichten: An sehr heißen Tagen erwärmt sich die Luft über dem Boden recht schnell. Daher liegt direkt über dem Boden eine dünne Schicht heißer, verdünnter Luft, die eine geringere optische Dichte hat, als die kühlere Luft darüber. Treffen Lichtstrahlen unter einem genügend großen Winkel von einem optisch dichteren auf einen dünneren Stoff, werden sie total reflektiert. Die Straße erscheint nass.

BVK PA119 • Andrea Baumgarten: Experimente Band 1

Der beleuchtete Ball

Du brauchst: Wasserball • Taschenlampe • dunkles Zimmer +

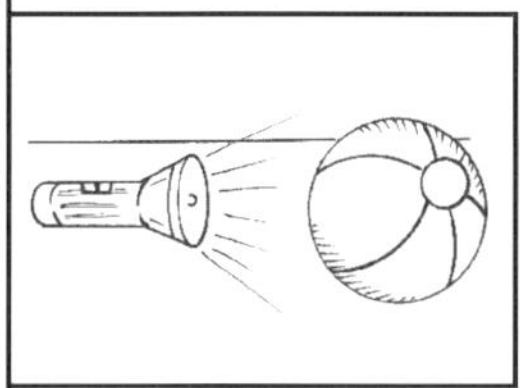

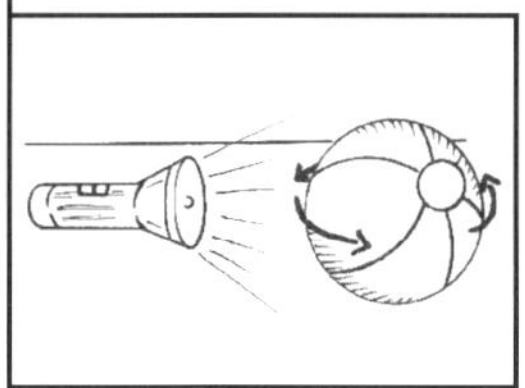

?

So geht es:

1. Richte die Taschenlampe im dunklen Zimmer auf den Wasserball.
2. Drehe den Wasserball.

Welche Seite des Balles wird (nicht) beleuchtet?
Wie breitet sich das Licht aus?

Experimente mit: LICHT

Lösung: Der beleuchtete Ball

Beobachtung

- Der Wasserball wird immer nur auf der Seite beleuchtet, die der Lampe zugewandt ist.
- Die andere Seite bleibt immer dunkel.

Erklärung

Lichtstrahlen bewegen sich geradlinig. Sie können sich nicht um den Ball krümmen, um die Rückseite zu beleuchten.

Anwendung

Die Sonne beleuchtet immer nur eine Hälfte der Erde. Dadurch entstehen Tag und Nacht. In der beleuchteten Hälfte ist Tag, während in der anderen Hälfte Nacht ist.

Der Schatten an der Wand

Du brauchst: Pappfigur • Taschenlampe • dunkles Zimmer +

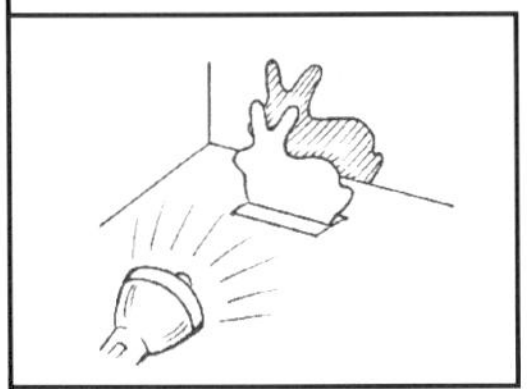

?

So geht es:

1. Halte die Pappfigur im dunklen Zimmer zwischen die angeschaltete Taschenlampe und die Wand.
2. Halte die Figur einmal näher zur Wand, einmal näher zur Taschenlampe.

Was passiert mit dem Schatten?

Lösung: Der Schatten an der Wand

Beobachtung

- Je näher die Figur an der Taschenlampe ist, desto größer ist der Schatten an der Wand.
- Je weiter die Figur von der Taschenlampe entfernt ist, desto kleiner ist der Schatten.

Erklärung

Lichtstrahlen breiten sich geradlinig aus. Wenn sie auf ein Hindernis treffen, können sie dieses nicht durchdringen. So entsteht an der Wand ein Schatten.

Wenn die Figur nahe an der Lampe ist, ist der Schatten groß.

Ist die Figur von der Lampe weiter entfernt, entsteht ein kleiner Schatten.

Der Schatten schrumpft oder wächst

Du brauchst: Kreide + • Sonne +

So geht es:

1. Markiere auf dem Schulhof mit Kreide eine Stelle, auf die den ganzen Vormittag über die Sonne scheint.
2. Stelle dich auf diese Stelle.
3. Dein Partner markiert das Ende deines Schattens auf dem Boden.
4. Wiederholt dies immer wieder nach einer ganzen Stunde. Stelle dich wieder auf die markierte Stelle.

Was beobachtest du?
Vermute: Wie sieht der Schatten am Nachmittag aus?

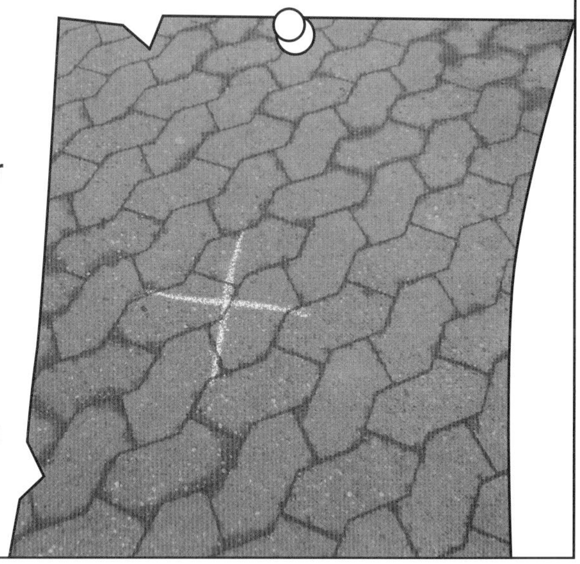

Experimente mit: LICHT

Lösung: Der Schatten schrumpft oder wächst

Beobachtung
- Das Ende des Schattens wandert am Vormittag immer näher zu dir hin.
- Am Nachmittag wandert das Ende des Schattens immer weiter von dir weg.

Erklärung
Die Länge des Schattens verändert sich mit dem Stand der Sonne: Steht die Sonne hoch am Himmel, wirft sie kurze Schatten. Wenn sie hingegen tief steht, sind die Schatten länger. Die Position der Sonne – und damit der Schatten – verändert sich, da sich die Erde dreht.

Anwendung
Früher wurde mit Hilfe der Sonnenuhr die Zeit gemessen: Der Schatten des Zeigers gibt die Uhrzeit an. Die Sonnenuhr wurde von den Babyloniern vor mehr als 4 000 Jahren erfunden.
Im Fußballstadion ist eine interessante Schattenbildung zu beobachten: Durch die Beleuchtung von allen vier Ecken des Fußballstadions haben die Spieler in der Mitte des Spielfeldes vier Schatten.

Experimente mit: LICHT

Wo dringt das Licht hindurch?

Du brauchst: Taschenlampe • Tonpapierbogen • Konservendose • Glas, mit Wasser gefüllt + • Transparentpapier • Butterbrotpapier • Taschentuch • Glasscheibe • dunkles Zimmer +

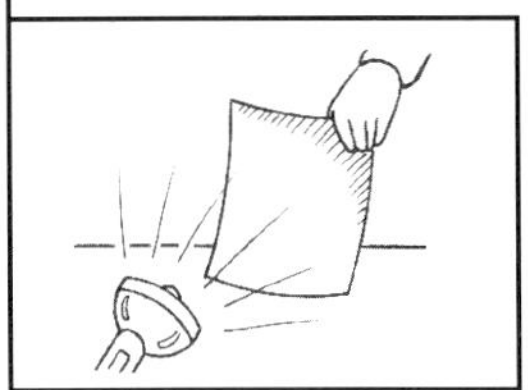

?

So geht es:

1. Halte die Gegenstände nacheinander im dunklen Zimmer vor eine Wand.
2. Leuchte auf sie mit der Taschenlampe.

Was fällt dir auf?
Wo dringt das Licht hindurch?
Wie stark sind die Schatten?

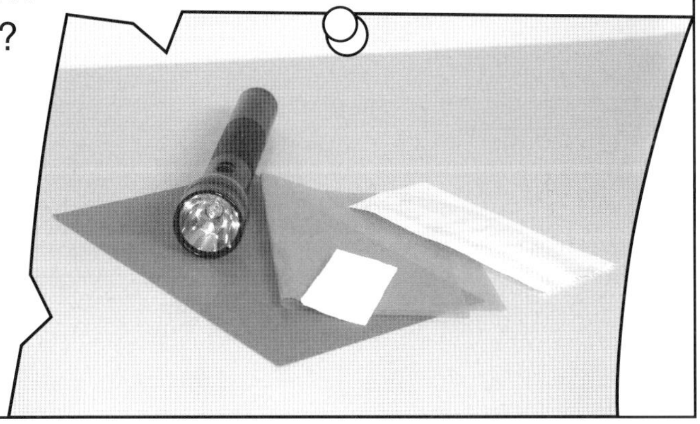

Experimente mit: LICHT

Lösung: Wo dringt das Licht hindurch?

Beobachtung

- Hinter der Konservendose, dem Tonpapier, dem Butterbrotpapier, dem Transparentpapier, dem Taschentuch und dem Glas mit Wasser entsteht ein Schatten an der Wand. Die Schatten der Konservendose, des Tonpapierbogens und des Taschentuches sind stark. Die Schatten des Butterbrotpapiers, des Transparentpapiers und des Wasserglases sind schwach.
- Hinter der Glasscheibe wird die Wand erhellt. Es entsteht kein Schatten.

Erklärung

Die Konservendose, das Tonpapier und das Taschentuch sind undurchsichtig. Durch sie kann kein Licht hindurchdringen. Das Butterbrotpapier, das Transparentpapier und das Glas mit Wasser sind leicht durchsichtig. Sie lassen einen Teil der Lichtstrahlen hindurch. Die Glasscheibe ist durchsichtig. Die Lichtstrahlen können sie vollständig durchdringen.

Blick durch mattes Glas

Du brauchst: Mattglasflasche • durchsichtiges Klebeband

So geht es:

1. Schaue dir die Flasche gut an. Kannst du durch sie hindurchsehen?

2. Klebe auf die matte Außenseite der Flasche ein Stück durchsichtiges Klebeband.

?

Was ist passiert?

Experimente mit: LICHT

Lösung: Blick durch mattes Glas

Beobachtung

- Durch den Klebefilmstreifen hat man eine klare Sicht durch die Flasche.

Erklärung

Mattglasflaschen haben eine raue, unebene Oberfläche. Deshalb werden dort die hindurchfallenden Lichtstrahlen in alle Richtungen zerstreut. So kann man durch die Flasche bestenfalls stark verschwommene Umrisse erkennen. Die Klebeschicht des Klebebands füllt die Unebenheiten auf der Glasfläche jedoch aus. Die Lichtstrahlen können dadurch an der Stelle mit dem Klebeband gerade durch das Glas hindurchfallen. Man kann dort genauso gut hindurchsehen wie durch eine klare Scheibe.

Zusatzinformation

Das Gleiche passiert, wenn man eine Mattglasflasche in Wasser legt. Auch Wasser füllt die Unebenheiten der Oberfläche aus. Daher kann man beispielsweise eine geheime Flaschenpost lesen, wenn man eine Mattglasflasche in Wasser taucht.

Mit einer Lupe Feuer machen

Du brauchst: Lupe • Kaffeefilter • direktes Sonnenlicht +

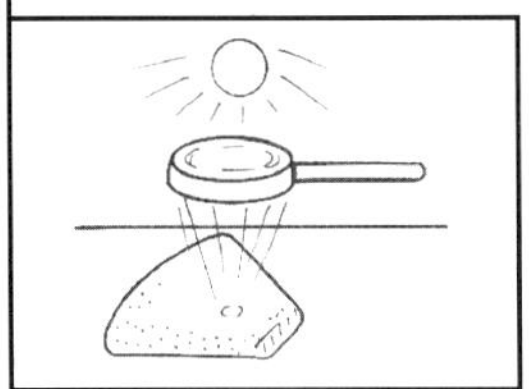

?

So geht es:

1. Halte die Lupe so, dass die Sonne senkrecht ↓ darauf strahlt. Halte sie zunächst dicht über den Kaffeefilter.
2. Entferne sie dann langsam in Richtung Sonne, bis nur noch ein kleiner, sehr heller Punkt auf dem Kaffeefilter zu sehen ist. Wenn du die Lupe noch weiter entfernst, wird der Punkt wieder größer.
3. Halte die Lupe einige Zeit an diesem kleinen Punkt.

Was passiert mit dem Kaffeefilter? Was bewirkt die Lupe zusammen mit der Sonne?

Lösung: Mit einer Lupe Feuer machen

Beobachtung

- Der Kaffeefilter wird schwarz oder fängt sogar an zu brennen.

Erklärung

Die Lupe lenkt die Sonnenstrahlen so ab, dass sie in einem kleinen, sehr hellen Punkt gebündelt werden. Hinter diesem „Sammelpunkt", in dem die Strahlen alle zusammentreffen, laufen die Strahlen wieder auseinander. Im Sammelpunkt herrscht eine hohe Temperatur, die den Kaffeefilter sogar entzünden kann. Daher wird er auch als „Brennpunkt" bezeichnet.

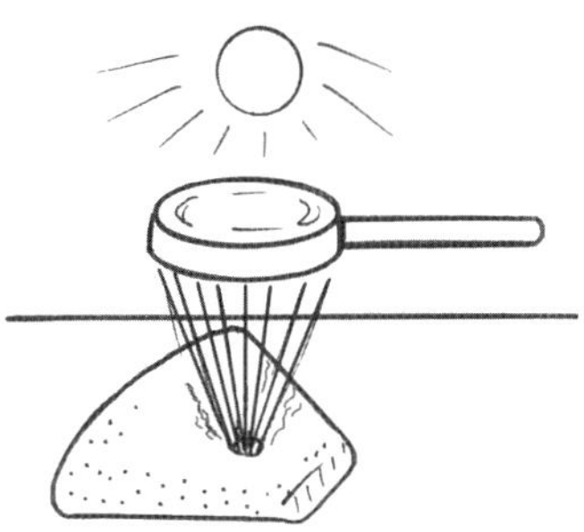

Leuchtendes Weiß

Du brauchst: Taschenlampe • schwarzes Blatt Papier • weißes Blatt Papier • dunkles Zimmer + • Spiegel

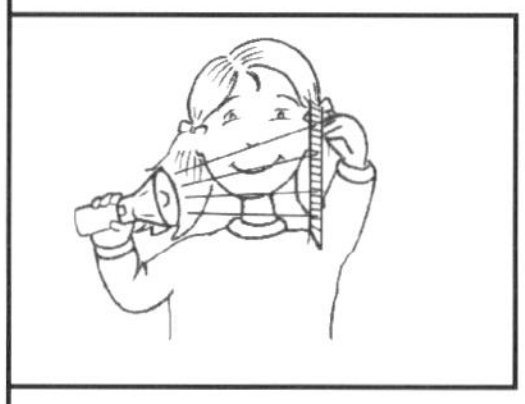

So geht es:

1. Halte die angeschaltete Taschenlampe im dunklen Zimmer so vor dein Gesicht, dass das Licht deine Nase trifft. Das kannst du auch mit Hilfe eines Spiegels ausrichten.
2. Halte auf die andere Seite deines Gesichtes das schwarze Blatt Papier.
3. Tausche dann das schwarze Blatt gegen das weiße ein.

Was fällt dir auf?
Was macht das Papier mit dem Licht?

Lösung: Leuchtendes Weiß

Beobachtung

- Die Taschenlampe selbst beleuchtet nur die Nase.
- Mit dem schwarzen Papier bleibt das Gesicht fast dunkel.
- Mit dem weißen Papier scheint das Gesicht dagegen fast vollständig angestrahlt.

Erklärung

Die Lichtstrahlen beleuchten das Hindernis, auf das sie treffen: die Nase und dahinter das Blatt Papier. Die Farbe des Papiers ist entscheidend, ob und wie stark das Licht reflektiert (= zurückgeworfen) wird: Schwarz reflektiert das Licht fast nicht, weiß reflektiert es hingegen stark. Daher werden durch das weiße Papier die Strahlen zum Gesicht zurückgeworfen und das Gesicht wird beleuchtet.
Wir sehen Gegenstände nur dann, wenn sie das Licht reflektieren.

Der leuchtende Fleck an der Wand

Du brauchst: Spiegel • Taschenlampe • dunkles Zimmer +

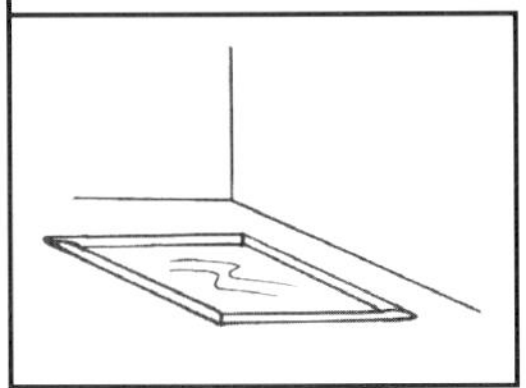

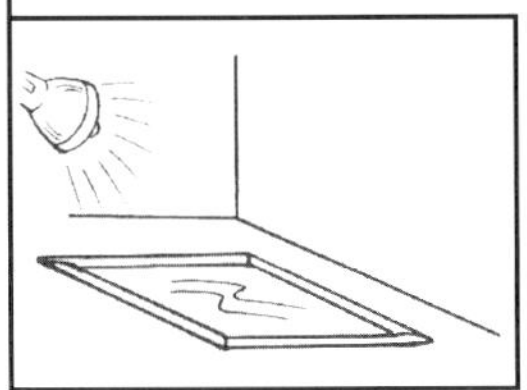

?

So geht es:

1. Lege den Spiegel in der Nähe einer Wand auf den Boden.
2. Richte den Lichtstrahl der Taschenlampe nun im dunklen Zimmer schräg auf den Spiegel.

Was passiert mit den Lichtstrahlen?
Was bewirkt der Spiegel?

Lösung: Der leuchtende Fleck an der Wand

Beobachtung

• Es entsteht ein leuchtender Fleck an der Wand.

Erklärung

Durch den Spiegel werden die Lichtstrahlen reflektiert (= zurückgeworfen).

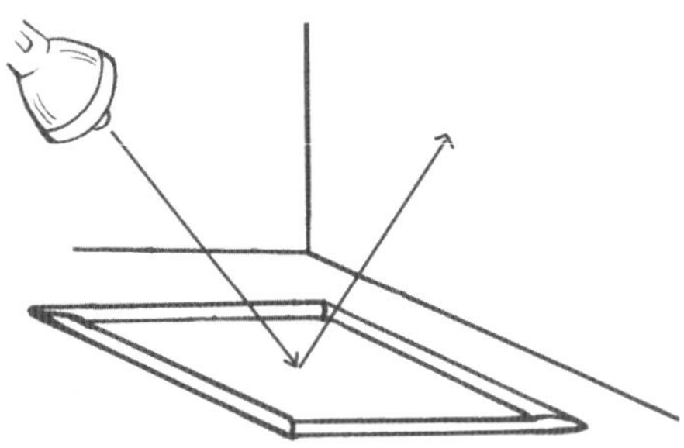

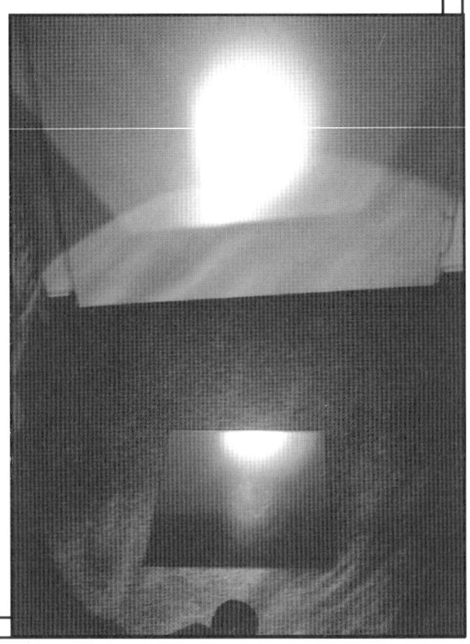

Anwendung

Mit einem Spiegel kann man um die Ecke und nach hinten schauen.

Der Abstand des Spiegelbildes

Du brauchst: zwei Teelichter • Streichhölzer • Glasscheibe • Bücher +

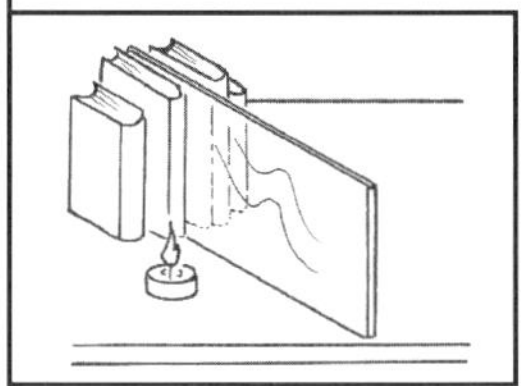

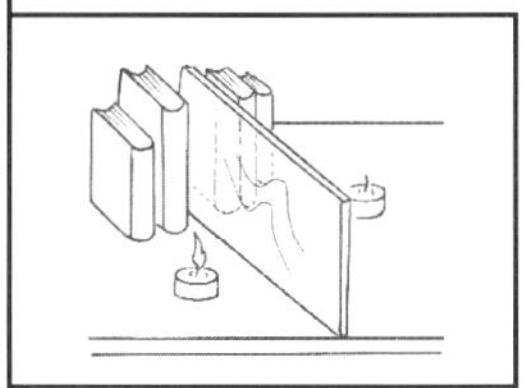

?

So geht es:

1. Stelle eine Glasscheibe mit Hilfe von Büchern auf dem Tisch auf.
2. Stelle ein brennendes Teelicht vor die Glasscheibe.
3. Zünde das zweite Teelicht nicht an. Stelle es so hinter die Glasscheibe, dass es sich genau mit dem Spiegelbild des brennenden Teelichtes deckt, das du durch die Glasscheibe siehst.

Was beobachtest du?
Was macht die Glasscheibe mit dem Licht des brennenden Teelichtes?

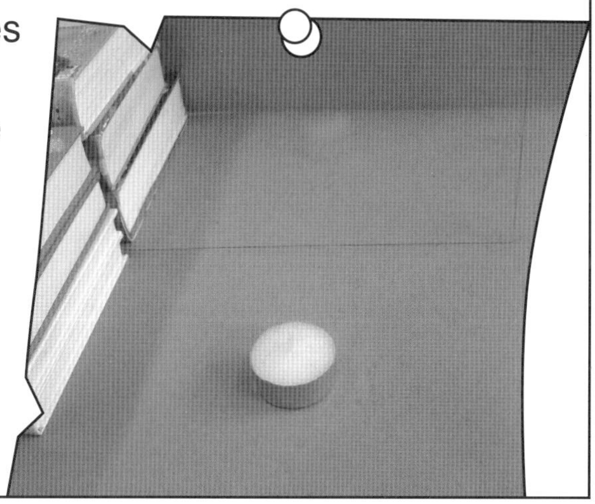

Lösung: Der Abstand des Spiegelbildes

Beobachtung

- Beide Teelichter scheinen zu brennen.
- Die Abstände der beiden Teelichter zur Glasscheibe sind gleich groß.

Erklärung

Die Lichtstrahlen des Teelichtes werden von der Glasscheibe zurückgeworfen. Man sagt: Die Glasscheibe reflektiert bzw. spiegelt das brennende Teelicht. Das Spiegelbild scheint im gleichen Abstand hinter dem Spiegel zu stehen, wie das brennende Teelicht vor dem Spiegel steht.

Der Würfel vermehrt sich

Du brauchst: zwei kleine Spiegel • Würfel • Klebeband • Blatt Papier • schwarzer Stift • Lineal

So geht es:

1. Lege die beiden Spiegel mit ihrer Spiegelseite aufeinander. Klebe sie auf einer Seite so mit dem Klebeband zusammen, dass sie sich wie ein Buch aufklappen lassen.

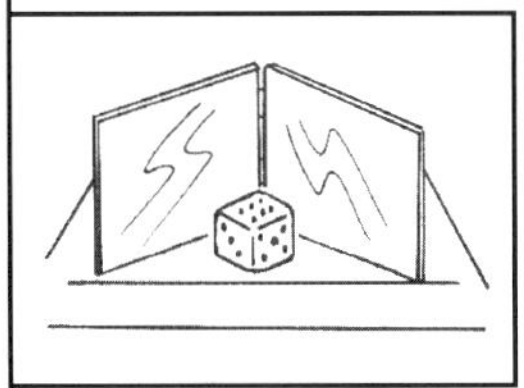

2. Male einen schwarzen, geraden Strich auf das Blatt Papier.
3. Stelle die Spiegel auf die Linie und lege einen Würfel zwischen die beiden Spiegel.
4. Verändere den Winkel zwischen den beiden Spiegeln.

?

Was passiert?

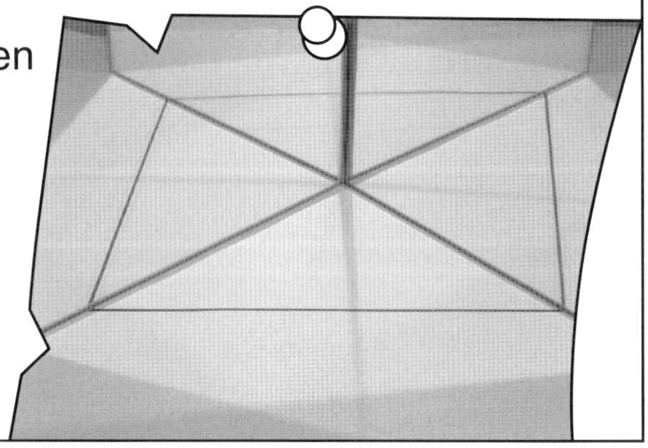

Experimente mit: LICHT

Lösung: Der Würfel vermehrt sich

Beobachtung

- Ist der Winkel zwischen den beiden Spiegeln groß, sieht man drei Würfel.
- Je kleiner der Winkel zwischen den beiden Spiegeln ist, desto mehr Würfel sieht man.

Erklärung

Der Würfel wird an den beiden Spiegeln gespiegelt. Wird der Winkel zwischen den zwei Spiegeln kleiner, wird nicht nur der Würfel selbst, sondern auch das Spiegelbild des Würfels gespiegelt. Dadurch werden immer mehr Würfel sichtbar.

Anwendung

In einem Kaleidoskop werden auf diese Art Bilder erzeugt.

Die Münze taucht auf

Du brauchst: leere Margarinedose • Münze • Wasser +

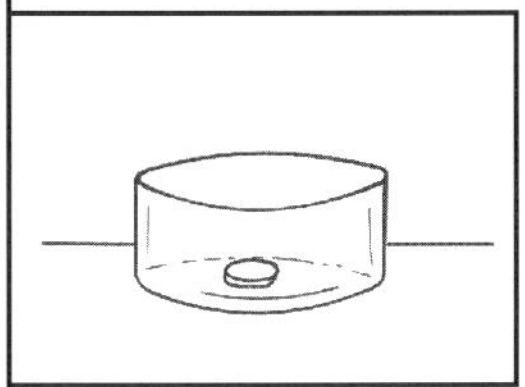

So geht es:

1. Lege die Münze in die Mitte der Margarinedose.
2. Setze dich so hin, dass du die Münze gerade nicht mehr sehen kannst, da sie vom Rand der Dose verdeckt wird.
3. Dein Partner gießt nun vorsichtig Wasser in die Dose. Die Münze darf dabei nicht verrutschen!

Was passiert mit der Münze?
Was bewirkt das Wasser dabei?

Experimente mit: LICHT

Lösung: Die Münze taucht auf

Beobachtung
- Wenn genug Wasser in der Dose ist, kann man die Münze sehen, obwohl sie nicht bewegt wurde.

Erklärung
Wenn das Licht von der Luft in Wasser übergeht, wird es gebrochen. Das heißt, die Lichtstrahlen verlaufen nicht mehr geradlinig, sondern werden „geknickt“. Dadurch scheint alles, was unter Wasser ist, optisch angehoben. Man nennt dies „optische Hebung“.

Anwendung
Seen, Flüsse und Schwimmbecken wirken weniger tief, als sie in Wirklichkeit sind. Aufgrund der Lichtbrechung erscheint der Boden höher, als er ist.

BVK PA119 • Andrea Baumgarten: Experimente Band 1

Geknickte Strohhalme

Du brauchst: Glas • Wasser + • Strohhalme

So geht es:

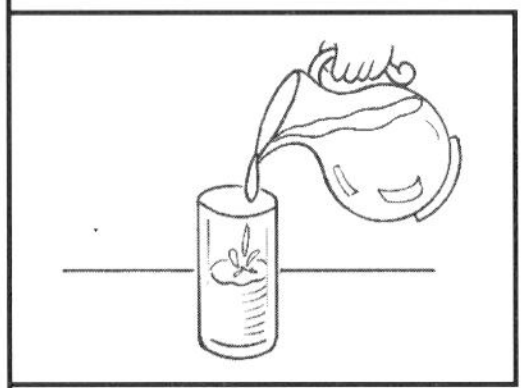

1. Fülle das Glas mit Wasser.

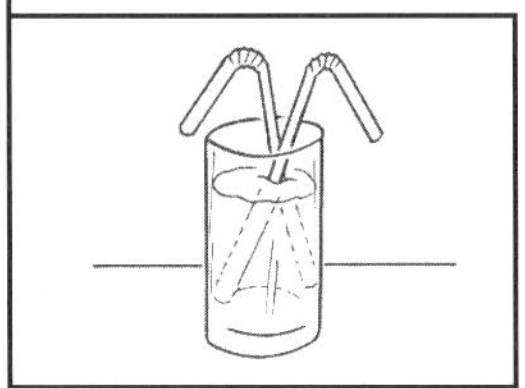

2. Stelle die Strohhalme in das Wasser.

Was beobachtest du?
Wie kannst du dies erklären?

?

Experimente mit:
LICHT

Lösung: Geknickte Strohhalme

Beobachtung

- Die Strohhalme scheinen dort, wo sie ins Wasser tauchen, geknickt zu sein.
- Der Teil im Wasser erscheint vergrößert.

Erklärung

Wenn Lichtstrahlen von Luft in Wasser übergehen, ändert sich ihre Richtung: Sie werden abgelenkt. Das Licht wird „gebrochen“.
Die Strohhalme scheinen am Übergang von Luft und Wasser geknickt zu sein.
Das durch das Glas gekrümmte Wasser wirkt wie eine Lupe und vergrößert die Strohhalme.

Experimente mit: LICHT

Fischestechen

Du brauchst: längeres, durchsichtiges Gefäß • Wasser + • Münzen • Strohhalm

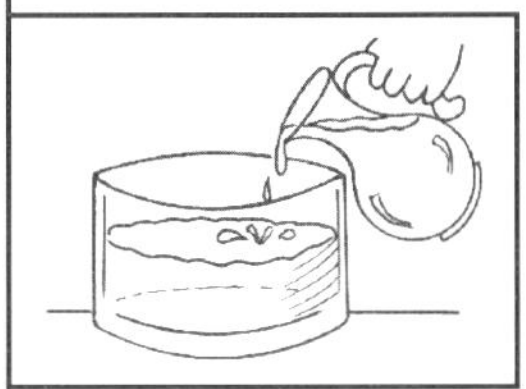

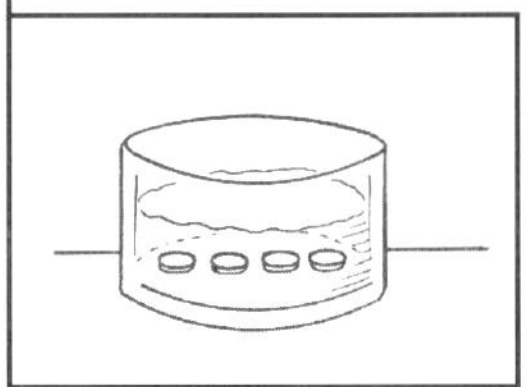

So geht es:

1. Fülle das Gefäß mit Wasser.
2. Lege die Münzen in einer Reihe in das Wasser.
3. Ziele durch den Strohhalm von schräg außen auf die Münzen im Wasser. Versuche, die Münzen mit dem Strohhalm zu treffen.

Was fällt dir auf?

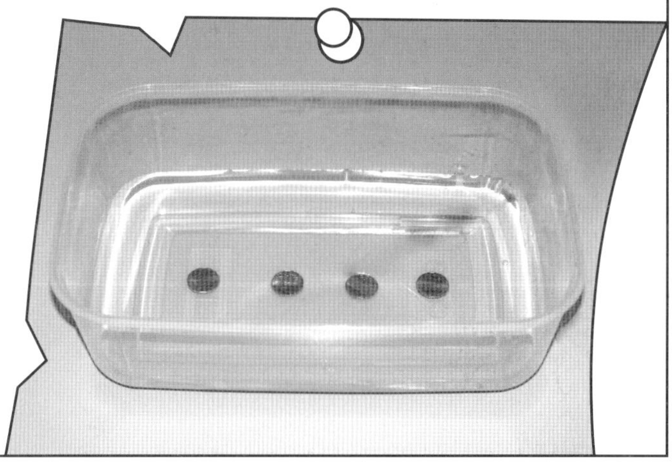

Experimente mit: LICHT

Lösung: Fischestechen

Beobachtung
• Der Strohhalm verfehlt die Münzen.

Erklärung
Das Licht wird gebrochen, wenn es von der Luft in das Wasser übergeht. Das heißt: Die Lichtstrahlen werden „geknickt“. Dadurch erscheinen die Münzen im Wasser an Stellen, an denen sie in Wirklichkeit gar nicht sind.

Anwendung
Fischer, die mit einer Harpune jagen, zielen nie genau dorthin, wo sie einen Fisch sehen, sondern immer ein Stück tiefer.

Der Schützenfisch schießt durch das Ausspucken eines Wasserstrahls Fliegen aus der Luft ab. Dabei muss er beim Zielen ebenfalls die Brechung des Lichtes berücksichtigen.

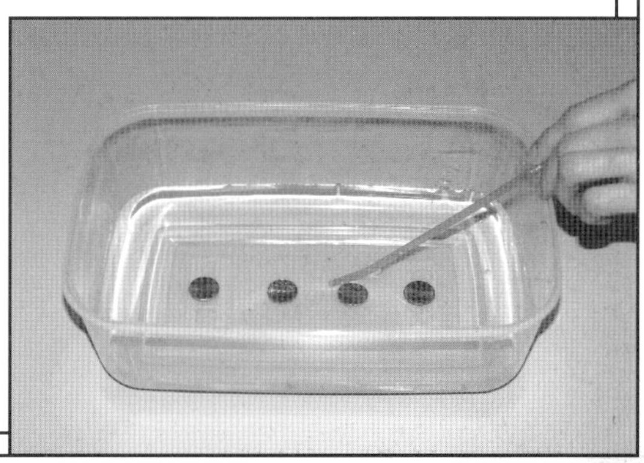

Eine Wassertropfenlupe

Du brauchst: Kunststoffstreifen mit Loch, zum Beispiel von einem Schnellhefter • Wasser + • Text in kleiner Schrift +

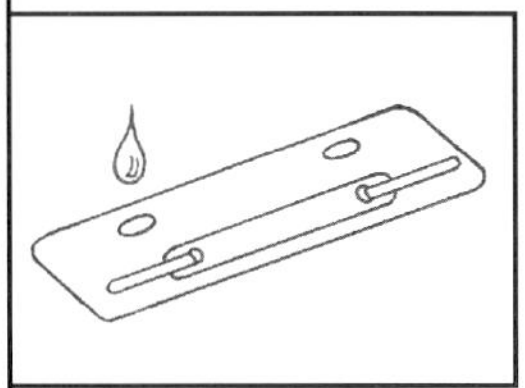

?

So geht es:

1. Gib in das Loch des Kunststoffstreifens Wasser.
2. Halte den Wassertropfen nun über den Text.

Was beobachtest du?
Was bewirkt der Wassertropfen?

Experimente mit: LICHT

Lösung: Eine Wassertropfenlupe

Beobachtung
- Die Buchstaben erscheinen im Wassertropfen stark vergrößert.

Erklärung
Ein Wassertropfen hat eine leicht gewölbte Form. Deshalb wirkt er genauso wie eine Lupe: Er vergrößert den Text. Das durch den Tropfen betrachtete Bild wirkt breiter und größer als es wirklich ist.

Zusatzinformation
Die Mitte des Wassertropfens (und einer Lupe) ist dicker als sein Rand. Man nennt diese nach außen gewölbte Form „konvex“. Konvexe Linsen sammeln die Lichtstrahlen und werden deswegen auch „Sammellinsen“ genannt. Neben den konvexen Linsen gibt es auch „konkave“ Linsen. Diese sind nach innen gewölbt und in der Mitte dünner als am Rand. Sie zerstreuen das Licht und werden deshalb auch „Zerstreuungslinsen“ genannt.

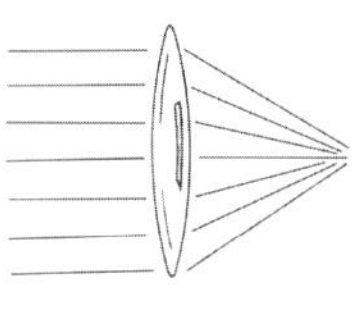
konvexe Linse

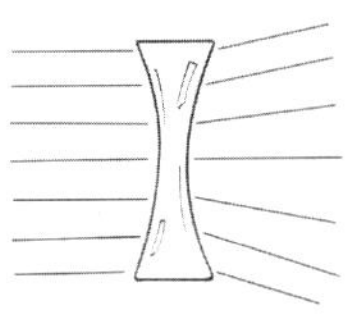
konkave Linse

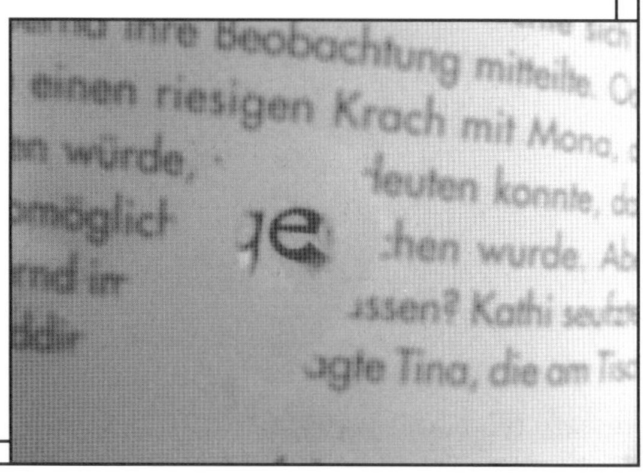

Ein einfacher Diaprojektor

Du brauchst: Butterbrotpapier • Lupe

So geht es:

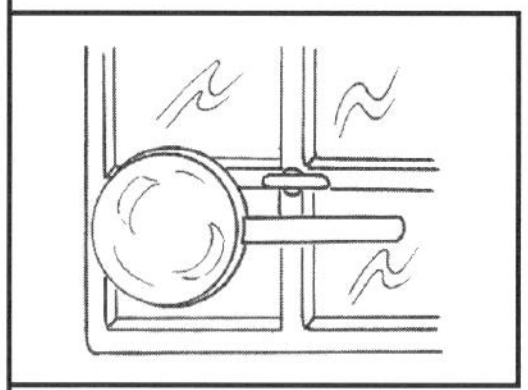

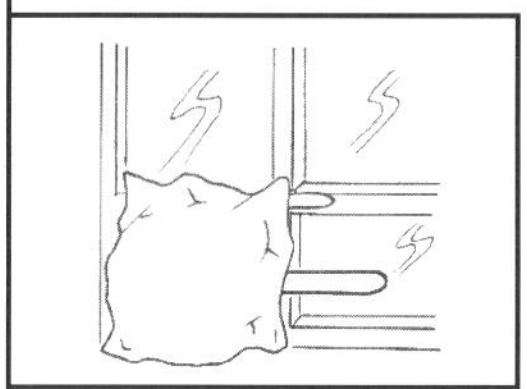

?

1. Halte die Lupe parallel zu einem hellen Fenster.
2. Halte ein Stück Butterbrotpapier ebenfalls parallel vor die Lupe.
3. Verändere den Abstand zwischen der Lupe und dem Butterbrotpapier.

Was kannst du sehen?

Experimente mit: LICHT

Lösung: Ein einfacher Diaprojektor

Beobachtung

- Bei richtigem Abstand entsteht auf dem Butterbrotpapier ein scharfes Bild.
- Das Bild steht auf dem Kopf und ist seitenverkehrt.

Erklärung

Die Lupe lenkt die Lichtstrahlen ab und sammelt sie in einem Bild. Durch die Ablenkung ist das Bild seitenverkehrt und steht auf dem Kopf.

Anwendung

Genauso funktioniert ein Diaprojektor: Das Licht wird mit Hilfe einer Linse gesammelt und auf das Diabild geworfen. Damit das Bild an der Wand richtig herum abgebildet wird, muss das Dia auf dem Kopf stehend in den Diaprojektor gesteckt werden.

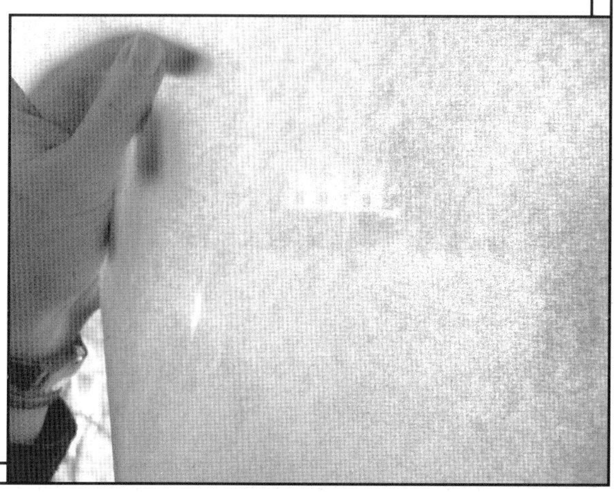

Ein Teleskop

Du brauchst: zwei Lupen • Gegenstand + (z. B. ein Stofftier)

?

So geht es:

1. Halte die eine Lupe vor dein Auge.
2. Halte die andere Lupe genau vor die erste Lupe.
3. Verändere den Abstand zwischen den beiden Lupen dabei so lange, bis du den betrachteten Gegenstand scharf sehen kannst.

Was siehst du?
Findest du eine Erklärung?

Lösung: Ein Teleskop

Beobachtung

- Durch die Lupen erhält man ein vergrößertes Bild.
- Das Bild ist seitenverkehrt und steht auf dem Kopf.

Erklärung

Die weiter entfernte Lupe lenkt die Lichtstrahlen ab und sammelt sie in einem Bild. Durch die Ablenkung ist das Bild seitenverkehrt und steht auf dem Kopf. Die zweite Lupe vergrößert dieses Bild.

Anwendung

In Teleskopen zur Beobachtung der Sterne befinden sich ebenfalls mehrere Linsen. Aufgrund einer Kombination von Linsen und Spiegeln ist es mit ihnen möglich, Bilder zu sehen, die nicht seitenverkehrt sind. Auch bei Mikroskopen wird das Bild durch mehrere Linsen stark vergrößert.

Unsere Pupillen

Du brauchst: Taschenlampe • dunklen Raum +

So geht es:

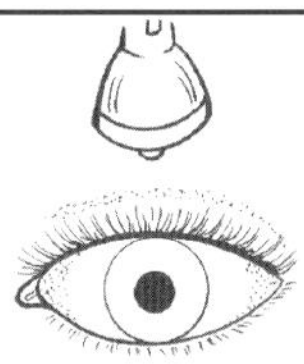

?

1. Halte die Taschenlampe im dunklen Raum über ein Auge deines Partners.
2. Schalte sie ein.

Was passiert mit dem Auge?
Wie kannst du es erklären?

Experimente mit: LICHT

Lösung: Unsere Pupillen

Beobachtung
• Die Pupille verkleinert sich.

Erklärung
Die Pupille passt sich der Helligkeit der Umgebung an.

Wenn nur wenig Licht vorhanden ist, weitet sich die Pupille, damit möglichst viel Licht ins Auge gelangen kann.

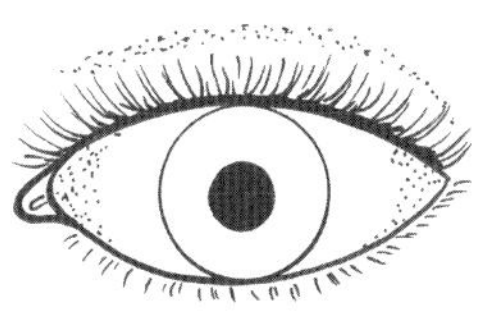

Ist das Licht dagegen stark, verengt sich die Pupille, damit das Auge nicht durch zu viel Licht geschädigt wird.

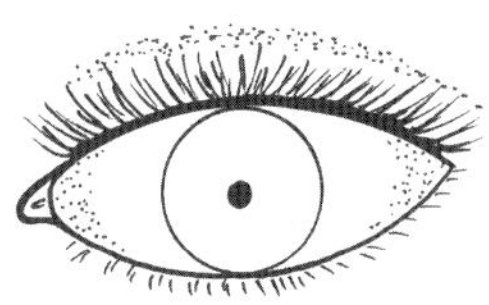

Tinte zerlegen

Du brauchst: bunte, wasserlösliche Filzstifte • Kaffeefilter • Gefäß • Wasser +
• Schere

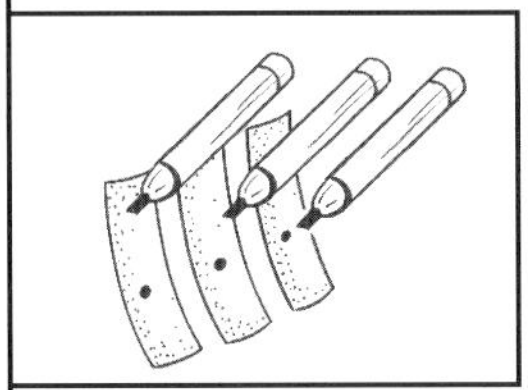

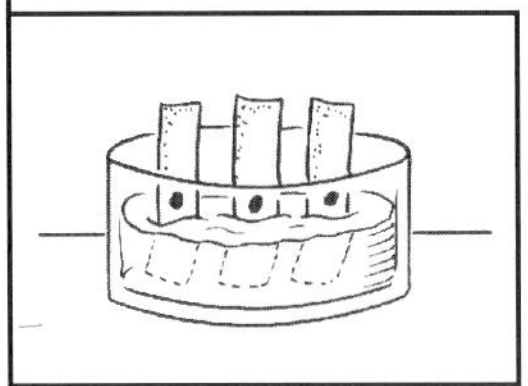

?

So geht es:

1. Schneide den Kaffeefilter in gleich große Streifen.
2. Male auf jeden Kaffeefilterstreifen zirka 2 cm vom Rand entfernt mit einem anderen Filzstift einen Punkt.
3. Fülle etwas Wasser in das Gefäß.
4. Halte die Streifen mit dem Punkt jeweils so in das Wasser, dass sie sich etwa 1 cm im Wasser befinden.

Was passiert?

Lösung: Tinte zerlegen

Beobachtung

- Das Wasser steigt in den Streifen nach oben.
- Einige Farbpunkte lösen sich in verschiedene Farben auf.

Erklärung

Durch dieses Experiment kann man herausfinden, ob sich die Farbe eines Stiftes aus verschiedenen Farben zusammensetzt oder nur aus einer Farbe besteht.
Wenn das Wasser in den Kaffeefilterstreifen nach oben steigt, zersetzt es die Pigmente der Farben und zieht sie mit nach oben. Dabei trennen sich die Farbpigmente und reflektieren ihre eigene Farbe.
Wie schnell eine Farbe durch den Kaffeefilterstreifen wandert, hängt davon ab, wie wasserlöslich sie ist und wie gut sie an dem Papier haftet.

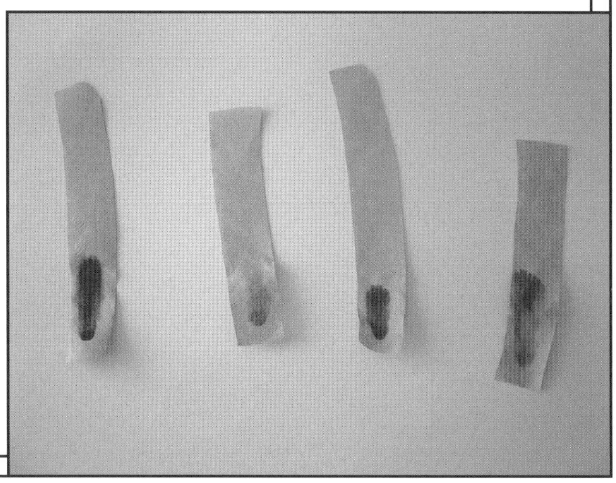

Wärme

Grundschulkinder haben bereits Erfahrungen mit Wärme und Kälte am eigenen Körper gemacht, nicht zuletzt durch den Wechsel der Jahreszeiten, in denen unterschiedliche Kleidungsstücke getragen werden.

Das Ergebnis der Wärmeeinwirkung auf verschiedene Materialien ist allerdings nicht direkt, sondern lediglich indirekt zu erkennen. Wachs, Knetmasse und Butter werden bei Wärmeeinwirkung zum Beispiel weich und bei Kälteeinwirkung hart. Auch die verschiedenen Aggregatzustände von Wasser, insbesondere der flüssige Zustand und das Eis als fester Zustand, sind den Kindern bekannt.

Unter Wärme- und Kälteeinfluss verändern sich Materialien: Viele Stoffe dehnen sich unter Hitzeeinwirkung aus und nehmen ein größeres Volumen ein.
Abhängig von ihrer Farbe (Schwarz oder Weiß) absorbieren oder reflektieren Materialien Lichtstrahlen und speichern somit mehr oder weniger Wärme. Dies lässt sich gut anhand von Experimenten mit weißen und schwarzen Oberflächen nachvollziehen und messen.

Verschiedene Stoffe verfügen auch über eine unterschiedliche Wärmeleitfähigkeit: Nicht alle Materialien leiten Wärme gleich gut. Metall ist zum Beispiel ein sehr guter Wärmeleiter, hingegen leiten Holz und Plastik Wärme nur schlecht.

Unsere Kleidung funktioniert wie ein Wärmespeicher: Sie speichert die Körperwärme. Besonders in diesem Bereich der Wärmelehre gilt es, häufig bestehende Fehlvorstellungen von Kindern zu beheben: So meinen Kinder oft, dass Wolle warm macht. Sie haben die Vorstellung, dass ein Wollpulli warm hält, indem er Wärme abgibt. Ein Beispiel für eine derartige Vorstellung ist die Annahme, dass das Thermometer in einem Pulli, der auf dem Tisch liegt, eine höhere Temperatur anzeigt als ein Thermometer, das daneben einfach auf dem Tisch liegt. Außerdem wird beispielsweise auch oft vermutet, dass ein Eiswürfel schneller schmilzt, wenn man ihn in einen Wollschal einwickelt, obwohl das Gegenteil der Fall ist.

Kaltes oder warmes Wasser?

Du brauchst: drei gleich große Schüsseln • Eiswürfel + • warmes Wasser + • Wasser +

So geht es:

1. Stelle die drei Schüsseln nebeneinander auf den Tisch.
2. Fülle in die linke und mittlere Schüssel Wasser.
3. Gib in das Wasser in der linken Schüssel Eiswürfel.
4. Fülle die rechte Schüssel mit warmem Wasser.
5. Halte ungefähr eine Minute lang gleichzeitig eine Hand in die rechte und eine Hand in die linke Schüssel.
6. Tauche anschließend beide Hände in die mittlere Schüssel.

Was fühlst du?

Lösung: Kaltes oder warmes Wasser?

Beobachtung

- An der Hand, die im kalten Wasser war, fühlt sich das Wasser warm an.
- An der Hand aus dem warmen Wasser fühlt es sich kalt an.

Erklärung

Das menschliche Gehirn kann keine genauen Temperaturen messen. Es kann lediglich Temperaturunterschiede feststellen und erkennen, ob eine Temperatur höher oder niedriger ist als eine andere.

Die Münze dehnt sich aus

Du brauchst: Holzbrettchen • zwei Nägel • Hammer • Münze • Streichhölzer • Zange mit Plastikgriff • Teelicht • feuerfeste Unterlage

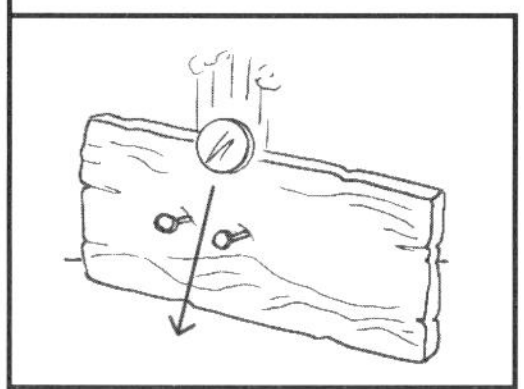

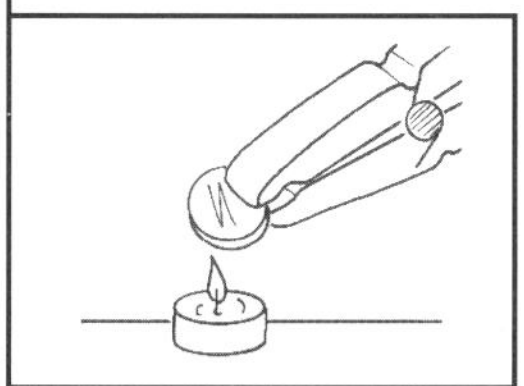

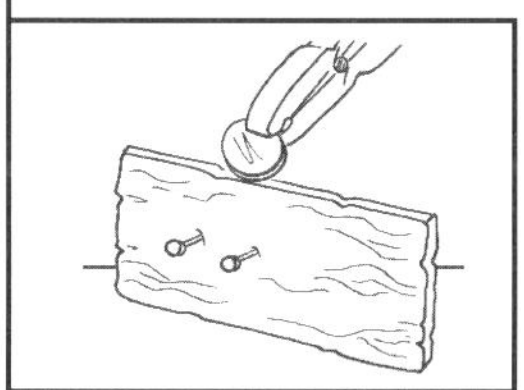

So geht es:

1. Schlage die beiden Nägel so nebeneinander in das Brettchen, dass die Münze gerade noch hindurchfallen kann.
2. Stelle das Teelicht auf die feuerfeste Unterlage. Zünde es an.
3. Halte die Münze mit der Zange fest und erwärme sie über der Kerzenflamme.
4. Versuche, die Münze nun wieder zwischen den Nägeln hindurchfallen zu lassen.

Was passiert?
Woran könnte dies liegen?

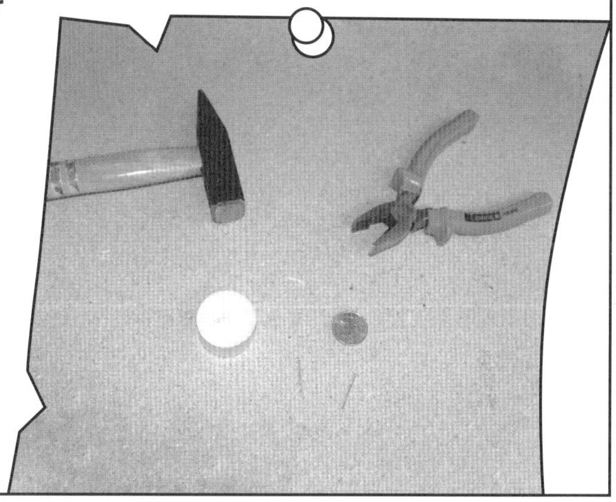

Experimente mit: WÄRME

Lösung: Die Münze dehnt sich aus

Beobachtung

• Die Münze fällt nicht mehr durch die beiden Nägel.

Erklärung

Die Münze wird durch die Flamme erwärmt und dehnt sich dabei aus. Deswegen passt sie nicht mehr durch die beiden Nägel.

Anwendung

Stromleitungen hängen bei heißem Sommerwetter mehr durch als bei Frostwetter, da sie sich bei höheren Temperaturen ausdehnen.
Auch die Flüssigkeitssäule in einem Thermometer dehnt sich bei Erwärmung aus. Dadurch können Temperaturänderungen festgestellt werden.

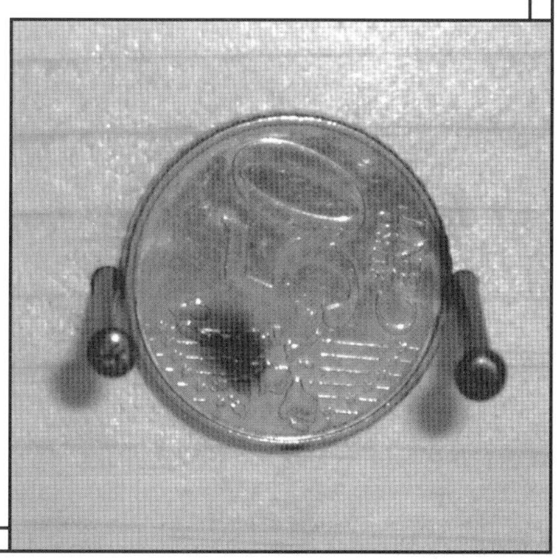

Wärme einfangen

Du brauchst: schwarzes Papier • weißes Papier • Thermometer • Sonne +

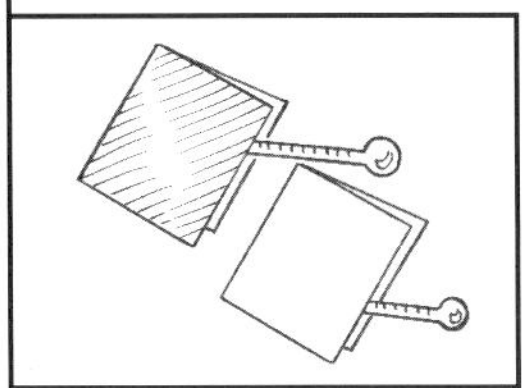

?

So geht es:

1. Falte das schwarze und das weiße Papier jeweils einmal zusammen.
2. Lege beide Papiere so in die Sonne.
3. Miss mit einem Thermometer nach zirka 30 Minuten die Temperatur in den beiden Papieren.

Was fällt dir auf?
Woran könnte dies liegen?

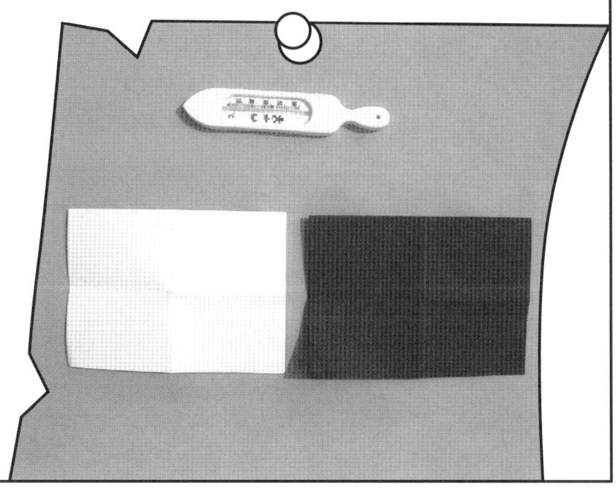

Lösung: Wärme einfangen

Beobachtung

• Die Temperatur ist im schwarzen Papier höher als die im weißen.

Erklärung

Das schwarze Papier nimmt das Licht fast vollständig auf.
Es „schluckt“ das Licht. Das Licht erwärmt das Papier.
Das weiße Blatt Papier wirft das Licht hingegen zum großen Teil zurück.
Es nimmt nur wenig Licht auf und speichert weniger Wärme.

Anwendung

Man empfindet die Sonne wärmer, wenn man schwarze Kleidung trägt. In heißen Ländern trägt man deshalb helle Kleidung und streicht auch die Häuser weiß, damit das Licht zurückgeworfen und somit nicht zu viel Wärme aufgenommen wird.

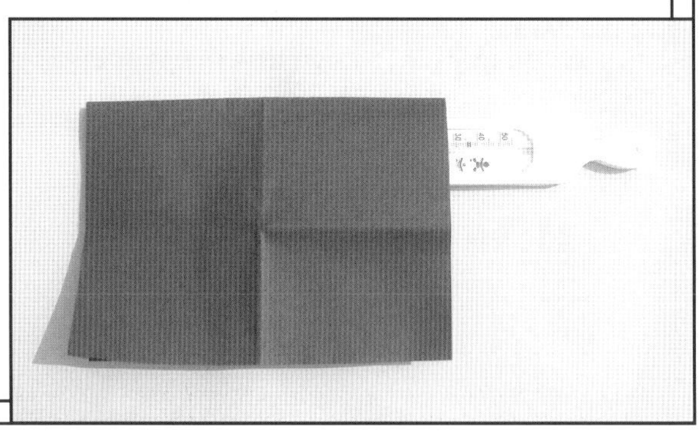

Welches Material leitet Wärme?

Du brauchst: Glas • Metalllöffel • Plastiklöffel • Holzkochlöffel • heißes Wasser + • etwas Margarine + • Gummibärchen +

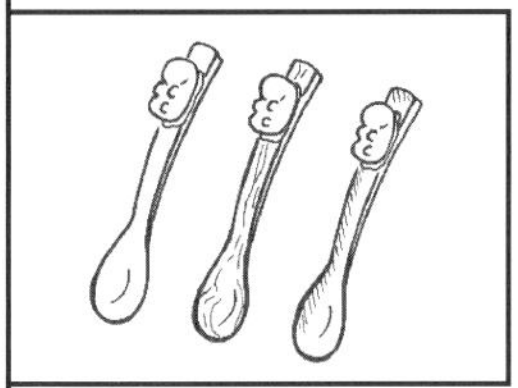

?

So geht es:

1. „Klebe“ mit etwas Margarine jeweils ein Gummibärchen an die Löffelstiele. Alle Gummibärchen sollen auf gleicher Höhe hängen.
2. Fülle das Glas mit heißem Wasser.
3. Stelle die drei Löffel mit den Gummibärchen vorsichtig in das heiße Wasser.
4. Warte ein wenig.

Was beobachtest du?
Kannst du dies erklären?

Experimente mit: WÄRME

Lösung: Welches Material leitet Wärme?

Beobachtung

- Das Gummibärchen am Metalllöffel rutscht nach einiger Zeit nach unten.

Erklärung

Die Wärme des Wassers wird von verschiedenen Materialien unterschiedlich gut weitergeleitet. Metalle leiten Wärme sehr gut. Holz und Plastik leiten Wärme hingegen schlecht.
Durch die Margarine kann das gut sichtbar gemacht werden. Nur an dem Metalllöffel schmilzt die Margarine, und deswegen rutscht das Gummibärchen nach unten.

Kleider halten warm

Du brauchst: zwei gleiche Gläser • warmes Wasser + • Thermometer • Schal

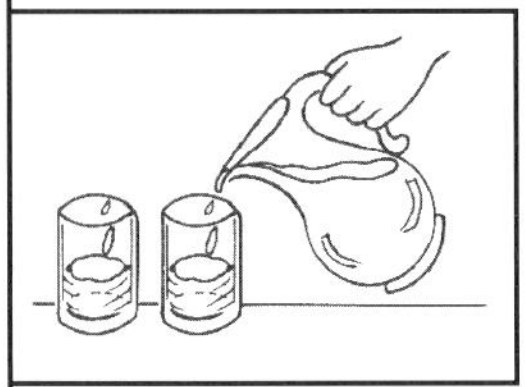

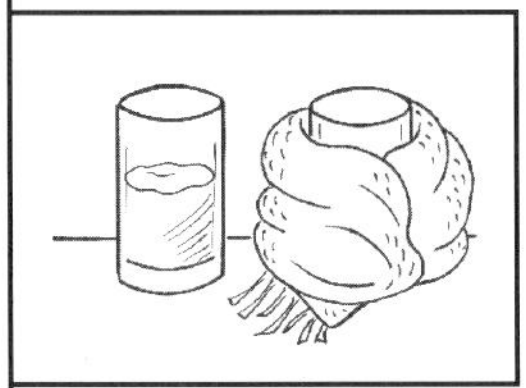

So geht es:

1. Fülle die beiden Gläser mit warmem Wasser.
2. Miss mit Hilfe des Thermometers die Temperatur.
3. Umwickle eines der Gläser nun möglichst vollständig mit dem Schal.
4. Miss nach etwa einer halben Stunde wieder die Temperatur des Wassers in den Gläsern.

?

Was stellst du fest?
Kannst du dafür eine Erklärung finden?

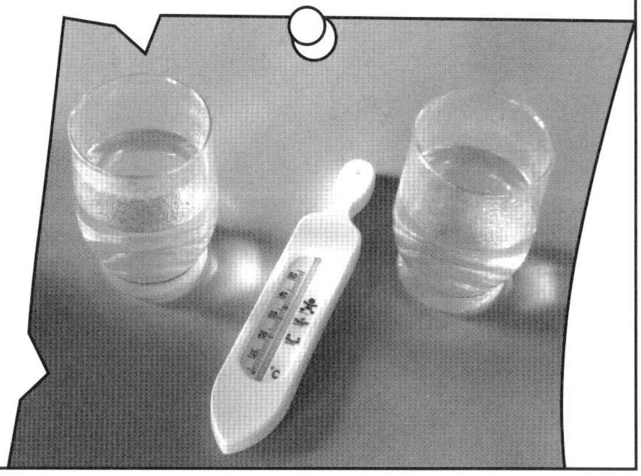

Experimente mit: WÄRME

Lösung: Kleider halten warm

Beobachtung

- Bei der ersten Messung sind die Temperaturen gleich.
- Bei der zweiten Messung ist die Temperatur des Wassers im Glas ohne Schal viel stärker gesunken als die im Glas mit Schal.

Erklärung

Der Schal leitet die Wärme nur sehr schlecht. Daher konnte durch den Schal die Wärme des Wassers nicht so leicht an die Luft abgegeben werden wie bei dem Glas ohne Schal. Das Wasser im Glas mit Schal ist deswegen nach einiger Zeit noch wärmer als das im anderen Glas.

Anwendung

Die Kleidung des Menschen hält den Körper warm. Sie entwickelt selbst aber keine Wärme! Um den Körper gleichmäßig warm zu halten, muss er durch die Kleidung vor zu starker Wärmeabgabe geschützt werden. Die gleiche Aufgabe haben die Felle der Tiere und die Federkleider der Vögel.

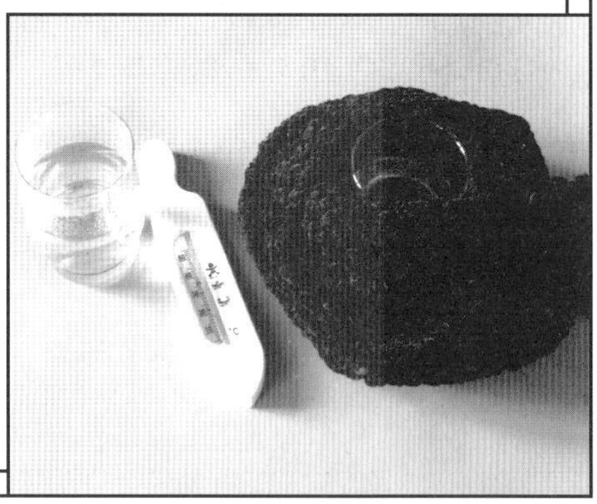

Feuer

Der Umgang mit dem offenen Feuer stellt eine erhebliche Gefahrenquelle dar; dennoch sollte den Kindern auch mit diesem Phänomen ein kontrollierter Umgang ermöglicht werden. Wichtig ist es, vor der Durchführung der Experimente mit den Kindern die Sicherheitsregeln ausführlich zu besprechen und einüben zu lassen. Auch ist es sinnvoll, vorab das Löschen einer Kerzenflamme mit Wasser oder Sand zu üben.

Wichtige Sicherheitsregeln bei Experimenten mit offenem Feuer sind:
- Kein Kind darf mit einer brennenden Kerze oder einem offenen Feuer allein gelassen werden.
- Lange Haare müssen zusammengebunden werden.
- Die Kleidung sollte eng anliegen. Es sollte darauf geachtet werden, dass beispielsweise keine weiten Ärmel über oder in der Flamme hängen können.
- Es sollte unbedingt immer eine feuerfeste Unterlage (Stein, Porzellan, Glasscheibe o. Ä.) verwendet werden!
- In der Nähe dürfen sich keine brennbaren Gegenstände befinden (z. B. Vorhänge o. Ä.).
- Bei der Durchführung der Experimente sollte stets ein Gefäß mit Wasser und evtl. eine Löschdecke neben den Teelichtern zum Löschen bereitstehen.
- Die Experimente sollten an einem Ort durchgeführt werden, der gut gelüftet werden kann.

In den folgenden Experimenten sollen die Kinder herausfinden, was für den Brennvorgang benötigt wird: ein brennbarer Stoff, eine ausreichende Sauerstoffzufuhr sowie Wärme. Stoffe brennen, wenn sie sich mit Sauerstoff verbinden; nicht brennbare Stoffe können sich nicht mit Sauerstoff verbinden. Wie schnell ein brennbarer Stoff zu brennen beginnt, hängt auch von seiner Entzündungstemperatur und seiner Größe ab: Ein kleiner Holzspan brennt beispielsweise schneller als ein dicker Holzklotz. Außerdem können Dinge auch zu brennen beginnen, ohne dass sie einen direkten Kontakt mit Feuer haben: Wenn man eine Kerze dicht unter eine Gardine stellt, dann kann diese auch Feuer fangen. Gerade dieser Sachverhalt ist wichtig, um Unfälle, sowohl in der Schule als auch zu Hause, zu vermeiden.

Aus den Bedingungen für den Verbrennungsvorgang leiten sich die Möglichkeiten, ein Feuer zu verhindern bzw. zu löschen, ab:

- die Temperatur des brennbaren Materials ausreichend senken (z. B. mit Hilfe von Wasser)
- das brennbare Material entziehen
- die Sauerstoffzufuhr unterbinden (z. B. mit Hilfe einer Decke oder Sand)

Über das Einüben und Besprechen der Sicherheitsregeln hinaus sollte auch das Verhalten im Brandfall thematisiert bzw. mit der ganzen Klasse eingeübt werden.

Da bei der Verbrennung Wärme und Licht entstehen, ist Feuer nicht nur gefährlich, sondern kann auch genutzt werden: beispielsweise zum Heizen, Grillen, Beleuchten, Antreiben u. Ä. Auch dies kann im Rahmen der Experimentier-Reihe besprochen werden.

Hinweise zu einzelnen Experimenten
Das Experiment „Mit einer Lupe Feuer machen“ (S. 48) aus dem Themenbereich „Optik“ bietet sich auch zum Themenbereich „Feuer“ an.

zu S. 69: „Was brennt?“
Bei diesem Experiment dürfen die Kinder immer nur kleine Materialproben in das Feuer halten!

Die Teelichter im Glas

Du brauchst: drei Teelichter • feuerfeste Unterlage • Streichhölzer • zwei unterschiedlich große Gläser • Gefäß mit Wasser +

?

So geht es:

1. Stelle die Teelichter nebeneinander auf die feuerfeste Unterlage.
2. Zünde sie an.
3. Stülpe über zwei Teelichter je ein Glas.
4. Warte eine Weile.

Was beobachtest du?
Kannst du es erklären?

Experimente mit: FEUER

Lösung: Die Teelichter im Glas

Beobachtung
- Das Teelicht im kleineren Glas erlischt als erstes.
- Nach einiger Zeit geht auch das Teelicht im größeren Glas aus.
- Das Teelicht ohne Glas brennt weiter.

Erklärung
Die Flammen der Teelichter benötigen den Sauerstoff aus der Luft zum Brennen. Die Gläser verhindern, dass neuer Sauerstoff an die Flammen gelangt. Wenn der Sauerstoff in den Gläsern verbraucht ist, gehen die Teelichter aus. Da im kleineren Glas weniger Sauerstoff vorhanden ist, erlischt die Flamme dort früher als die Flamme im größeren Glas. Ist kein Glas über das Teelicht gestülpt, kann immer wieder frischer Sauerstoff aus der Umgebung an die Flamme gelangen. Deshalb geht die Flamme nicht aus.

Anwendung
Man kann ein kleines Feuer mit Hilfe einer Decke oder Sand löschen: Legt man die Decke über die Flammen oder streut Sand darüber, kann kein neuer Sauerstoff mehr an die Flammen gelangen und das Feuer erlischt.

Was brennt?

Du brauchst: Teelicht • feuerfeste Unterlagen • Streichhölzer • Zange mit Plastikgriff • Gefäß mit Wasser + • verschiedene Gegenstände + (z. B. Papiertaschentuch, abgeschnittenes Haar, kleiner Ast, Nagel, Stück Stoff, Münze, Stein, Kreide o. Ä.)

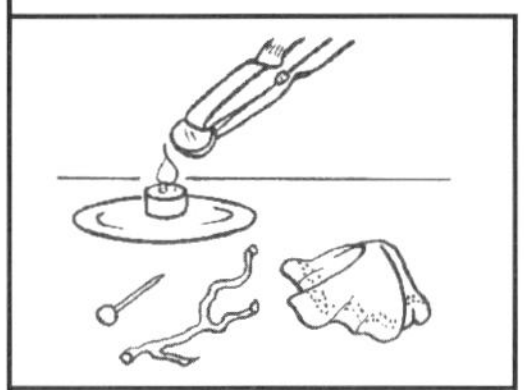

?

So geht es:

1. Stelle das Teelicht auf eine feuerfeste Unterlage und zünde es an. Stelle das Gefäß mit dem Wasser daneben.
2. Nimm die verschiedenen Testgegenstände jeweils mit der Zange. Halte sie vorsichtig in die Flamme.
3. Lösche brennende Gegenstände im Wasser.
4. Lege alle Gegenstände auf einer feuerfesten Unterlage ab!

Was hast du beobachtet?

Experimente mit: FEUER

Lösung: Was brennt?

Beobachtung

- Manche Gegenstände beginnen zu brennen.
- Andere Gegenstände brennen nicht.

Erklärung

Das Papiertaschentuch, das Haar, der Ast und der Stoff sind brennbare Materialien. Brennbare Dinge können sich mit Sauerstoff, der in der Luft enthalten ist, verbinden. Sie fangen Feuer, wenn sie mit einer Flamme in Berührung kommen.
Der Nagel, die Münze, der Stein und die Kreide sind hingegen nicht brennbar. Nicht brennbare Materialien können sich nicht mit Sauerstoff verbinden. Sie erwärmen sich zwar, fangen aber kein Feuer.

Anwendung

Um ein Lagerfeuer herum werden häufig Steine gelegt, da diese verhindern, dass sich das Feuer weiter als gewollt ausbreitet.

Das Feuer verbreitet sich ohne Berührung

Du brauchst: Teelicht • Streichhölzer • Zange mit Plastikgriff • kleines Stück Papier • Gefäß mit Wasser + • feuerfeste Unterlage

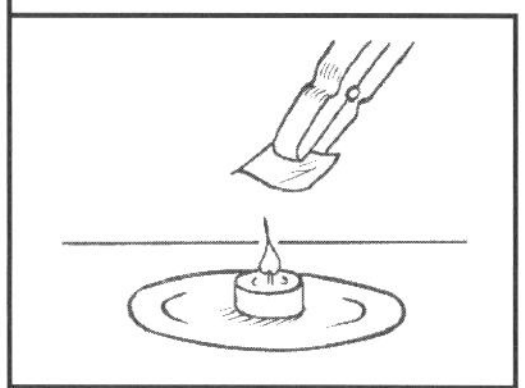

?

So geht es:

1. Stelle das Teelicht auf die feuerfeste Unterlage. Stelle das Gefäß mit dem Wasser daneben.
2. Zünde das Teelicht an.
3. Nimm mit der Zange ein kleines Stück Papier und nähere es vorsichtig immer mehr der Flamme. Halte es aber nicht direkt in die Flamme!

Was passiert?

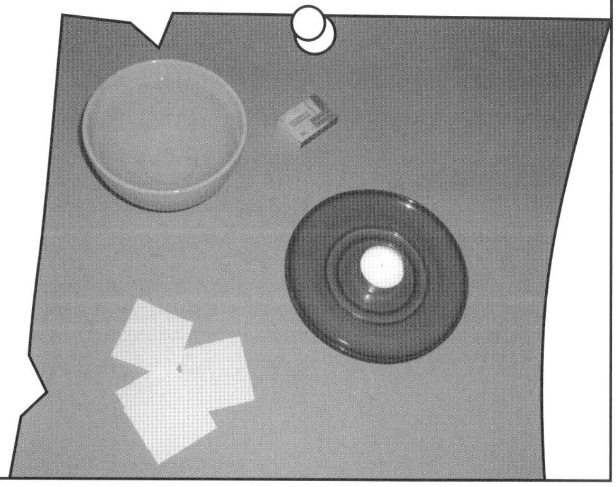

Lösung: Das Feuer verbreitet sich ...

• Beobachtung

• Das Papier beginnt zu brennen, obwohl es die Flamme nicht direkt berührt.

Erklärung

Die Flamme ist sehr heiß und erhitzt das Papier auch dann, wenn sie es nicht direkt berührt. Wenn das Papier so stark erhitzt wurde, dass es seine sogenannte „Entzündungstemperatur“ erreicht, beginnt es zu brennen, obwohl es keinen direkten Kontakt zur Flamme hatte.

Anwendung

Eine Kerze darf nicht zu nah an eine Gardine oder Ähnliches gestellt werden, da sie diese auch ohne direkten Kontakt in Flammen setzen kann.

Aus der Ferne eine Kerze anzünden

Du brauchst: Teelicht • Alufolie • Streichhölzer • feuerfeste Unterlage • Uhr • Gefäß mit Wasser + • Schere • Lineal • Stift

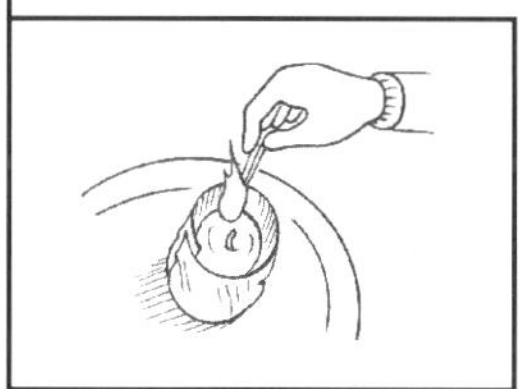

So geht es:

1. Schneide einen zirka 3 cm breiten Streifen Alufolie ab.
2. Wickle ihn um das Teelicht, sodass etwa 1,5 cm überstehen.
3. Stelle das Teelicht auf die feuerfeste Unterlage und zünde es an.
4. Lasse es etwa zwei Minuten lang brennen.
5. Blase die Flamme aus. Halte gleich danach ein brennendes Streichholz mit einem kleinen Abstand über den Docht.

Was passiert?

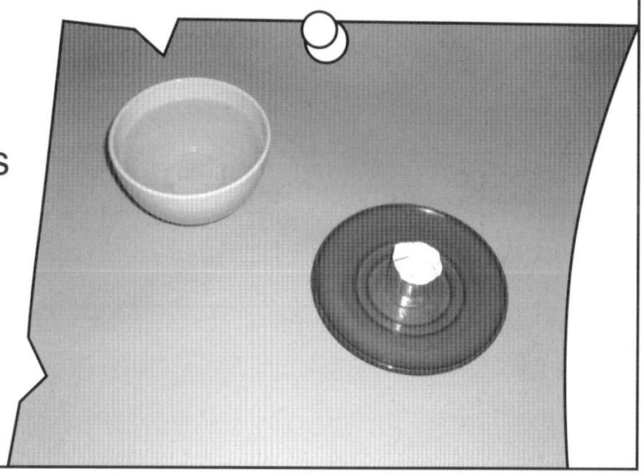

Experimente mit: FEUER

Lösung: Aus der Ferne eine Kerze anzünden

Beobachtung

- Obwohl das Streichholz den Docht nicht berührt, entzündet er sich und das Teelicht brennt wieder.

Erklärung

Wenn das Teelicht brennt, wird das Wachs flüssig. Es steigt dann im Docht nach oben und verdampft in der Luft. Dieser „Wachsdampf" brennt: Man sieht ihn als Kerzenflamme. Durch die Alufolie wird der Wachsdampf zusammengehalten und verteilt sich nicht in der Umgebung. Wenn nach dem Ausblasen des Teelichtes ein brennendes Streichholz in die Nähe des Dochtes gehalten wird, entzündet sich der Wachsdampf.
Dadurch kann die Streichholzflamme über den Wachsdampf auf den Kerzendocht überspringen und das Teelicht brennt wieder.

Literaturhinweise

- Aulas, Francois: Erstaunliche Experimente. Spielerisch Wissen entdecken, Bassermann Verlag, München 2005
- Dearborn, Tricia: Naturwissenschaftliche Experimente – 1. / 2. Schuljahr, 2. Auflage, Auer Verlag, Donauwörth 2006
- Dearborn, Tricia: Naturwissenschaftliche Experimente – 3. / 4. Schuljahr. Auflage, Auer Verlag, Donauwörth 2003
- Gondolino: Das große Buch der Experimente: Über 200 spannende Versuche, die klüger machen, Gondrom Verlag GmbH, Bindlach 2004
- Hoenecke, Christian: Sachunterricht: Natur und Technik. Didaktik und Methodik – Praxishilfen für Physik, Biologie und Chemie in den Klassen 1 bis 4 (Lehrer-Bücherei: Grundschule), 1. Auflage, Cornelsen Verlag Scriptor, Berlin 2004
- Lück, Gisela: Neue leichte Experimente für Eltern und Kinder, Herder Verlag, Freiburg im Breisgau 2005
- Lück, Gisela / Köster, Hilde (Hgg.): Physik und Chemie im Sachunterricht, Julius Klinkhardt Verlag, Bad Heilbrunn und Westermann Schulbuchverlag, Braunschweig 2006
- Treitz, Norbert: Spiele mit Physik! Ein Buch zum Basteln, Probieren und Verstehen, 4. verb. Auflage, Verlag Harri Deutsch, Thun, Frankfurt am Main 1996
- Undorf, Alice: Themenheft „Luft – Licht – Wärme – Feuer“, 6. Auflage, Buch Verlag Kempen, Kempen 2013

Internetadressen

- *www.labbe.de/zzzebra/*
- *www.blinde-kuh.de*
- *www.physikfuerkids.de*
- *www.deutsches-museum.de*
- *www.wasistwas.de*
- *www.geo.de/GEOlino*
- *www.roesa.uni-oldenburg.de*
- *www.lesa21.de*